T. D. Jakes

Pretty Woman

T. D. Jakes

Pretty Woman

Der Tag deiner Wiederherstellung

Ins Deutsche übertragen
von Andrea Gleiß

ONE WAY VERLAG WUPPERTAL UND LUTHERSTADT WITTENBERG

Die Deutsche Bibliothek – CIP-Einheitsaufnahme
Jakes, T.D.: Pretty Woman / T. D. Jakes.
[Übers. aus dem Amerikan. von Andrea Gleiß]. –
Wuppertal ; Lutherstadt Wittenberg : One-Way-Verl., 1997
(Reihe: Geistliches Leben und Glaubenspraxis ; 10017)
ISBN 3-931822-18-4

Titel der Originalausgabe: **Woman, Thou Art Loosed!**
Healing the Wounds of the Past
© 1996 by T.D. Jakes
Published by Albury Publishing,
Tulsa, Oklahoma
All rights reserved.

© 1997 der deutschsprachigen Ausgabe:
One Way Verlag GmbH, Wuppertal und Lutherstadt Wittenberg

Übersetzt aus dem Amerikanischen von Andrea Gleiß
Coverfoto: Albury Publishing
Umschlaggestaltung: Ulrike Stute, Wuppertal
Satz: Typo Schröder, Dernbach
Gesamtherstellung: Gutenberg Press Limited, Tarxien, Malta
Reihe: Geistliches Leben und Glaubenspraxis 10017

Die Bibelzitate sind in der Regel
der Lutherbibel 84 entnommen.

Printed in Malta

ISBN 3-931822-18-4

Widmung

Ich möchte dieses Buch meinem Vater widmen, dem verstorbenen Rev. Ernest L. Jakes, Sr. Es ist gleichzeitig in Hochachtung meiner Mutter gewidmet, Mrs. Odith P. Jakes. Ihre unerschöpfliche Liebe hat meine Vorstellung von Mutterliebe geprägt; ihr herausragender Charakter ist mir ein großes Vorbild. Ich widme das Buch auch meiner Schwester Jackie, die mir als Kind die Tränen wegküsste Und schließlich widme ich es meiner geliebten Frau Serita; sie ist wie eine sanfte Brise, durch die meine Segel sich oft mit Wind füllen, so dass ich dem Ziel näher komme.

Über dieses Buch

In dem Buch *Pretty Woman* geht es um die Liebe des himmlischen Vaters zu den Frauen, die zum Leib Seines Sohnes gehören. Tausende von Frauen haben durch die vollmächtigen Worte von T. D. Jakes bereits Wiederherstellung erfahren. *Pretty Woman* enthält eine Wahrheit, die herausfordert, das Leben verändert und den Geist verwandelt. Möge sie auch Ihr Leben verändern.

Pastor Carlton Pearson
Tulsa, Oklahoma

Alle Frauen sollten die Botschaft hören, die Gott Bischof Jakes gegeben hat. Es ist unmöglich, sie zu hören und nicht ermutigt, befreit und dauerhaft verändert zu werden. Ich spreche aus eigener Erfahrung, weil auch mein Leben durch diese Worte Gottes eine bleibende Verwandlung erfuhr.

Dr. Debbye Turner
Miss Amerika 1990
St. Louis, Missouri

Unsere Gemeinde, The Center of Hope, in Oakland, Kalifornien, ist sehr durch den Dienst von T. D. Jakes gestärkt worden. Ich kann *Pretty Woman* jeder Frau nur wärmstens empfehlen. Sie werden viel Segen empfangen!

Dr. Ernestine Cleveland Reems
Oakland, Kalifornien

Inhalt

KAPITEL EINS

Eine schwache Frau

Wir müssen bedenken,
dass jeder Mensch ein Problem hat.
Doch noch wichtiger ist,
dass Gott für jedes Problem
eine Lösung hat!

*„Und siehe, da war eine Frau, die achtzehn
Jahre einen Geist der Schwäche hatte; und
sie war zusammengekrümmt und gänzlich
unfähig, sich aufzurichten. Als aber Jesus
sie sah, rief er ihr zu und sprach zu ihr: Frau,
du bist gelöst von deiner Schwäche!"*
(Lukas 13:11-12)

b und zu lässt der Heilige Geist den einen
oder anderen Patienten des großen göttlichen
Arztes selbst zu Wort kommen. Die Not dieser Frau ist besonders groß, aber vielleicht
gibt es trotzdem Vergleichspunkte zwischen
jenem Fall und Ihrer eigenen Geschichte. Vielleicht äh-
nelt jene Frau einem Menschen, den Sie kennen oder
früher kannten; vielleicht gleicht sie sogar Ihnen selbst.

Die Geschichte hat drei verschiedene Gesichtspunkte. Die Person, das Problem und das Rezept. Wir
müssen bedenken, dass jeder Mensch ein Problem hat.
Doch noch wichtiger ist, dass Gott für jedes Problem
eine Lösung hat!

Jesus spricht das Problem im Leben dieser Frau direkt an; Er empfiehlt ihr nicht, in die Seelsorge zu gehen, sondern Er gebietet in Vollmacht! Ein Gespräch
über den Schmerz der Vergangenheit reicht oft nicht
aus, um Befreiung zu erlangen. Es muss sehr viel mehr
geschehen. Jesus wusste, dass die Not in diesem Fall
durch ein vollmächtiges Wort weichen musste; deshalb
führte Er kein Seelsorgegespräch. Ich bin durchaus

nicht gegen den Rat gottesfürchtiger Menschen. Im Gegenteil, auch in der Bibel heißt es:

> *„Wohl dem, der nicht wandelt im Rat der Gottlosen noch tritt auf den Weg der Sünder noch sitzt, wo die Spötter sitzen."* *(Psalm 1:1)*

> *„Wo nicht weiser Rat ist, da geht das Volk unter; wo aber viele Ratgeber sind, findet sich Hilfe."* *(Sprüche 11:14)*

Ich will nur Folgendes sagen: Auch wenn man den Zustand analysiert und weiß, wo die Not ihren Ursprung hat, braucht es die Autorität des Wortes Gottes, um die Vergangenheit unter die Füße zu bekommen! Jene Frau litt an den Folgen eines Geschehens, das achtzehn Jahre zurücklag. Kennen Sie diese Langzeitwirkung von Schmerz aus der Vergangenheit? Es gibt ein Trauma, das für das Opfer heute noch genau so schrecklich ist wie an dem Tag, als es geschah. Doch auch wenn die Wurzeln des Problems in der Vergangenheit liegen, die Lösung besteht darin, dass Gott heute ein Wort spricht! Gottes Wort ist gestern, heute und in Ewigkeit dasselbe (Hebräer 13:8). Das bedeutet, dass Gottes Wort, das Sie heute hören, Ihre Vergangenheit heilen kann!

Der Kampf in uns

Als Jesus sagte: „Frau, du bist gelöst", nannte Er sie nicht bei ihrem Namen. Er sprach sie nicht nur als Mensch an. Er sprach sie als Frau an. Er meinte das Lied in ihr, die Rüschen und Spitzen. Wie zu einer zerdrückten Rose sprach Jesus das an, was sie hätte sein können und sein sollen. Ich glaube, der Herr sprach zu dem Funkeln, das ihre Augen hatten, als sie noch ein kleines Kind war; zu der mädchenhaften Knospe, das selbst das beste Make-up nicht wiederherstellen kann. Er sprach zu ihr als dem Menschen, den Gott einzigartig geschaffen hat. Er sprach zu ihrem Geschlecht.

Das Problem dieser Frau war nicht neu. Es bestand schon achtzehn Jahre. Wir stehen vor einer Frau, in der seit langem ein Kampf tobt. Dieser Kampf hat bestimmt viele andere Bereiche ihres Lebens beeinträchtigt. Die Schwäche, die ihr Leben prägte, war körperlicher Art.

Doch viele Frauen kämpfen mit Schwächen, die von seelischen Traumata herrühren. Solche Schwächen können eine genauso große Herausforderung darstellen wie eine körperliche Schwäche. Eine seelische Behinderung kann auf vielen verschiedenen Ebenen zur Abhängigkeit führen. Beziehungen können zu Krücken werden. Eine schwache Frau kann andere Menschen so stark unter Druck setzen, dass gesunde Beziehungen dadurch sehr belastet werden. Häufig erzeugt eine solche seelische Behinderung ein schwieriges Verhältnis zu vielen Menschen.

„Fünf Männer hast du gehabt, und der, den
du jetzt hast, ist nicht dein Mann; das hast
du recht gesagt." (Johannes 4:18)

So lange ein verzweifelter Mensch das Leben anderer Menschen als Krücke benutzt, kann er keine Heilung erfahren. Ein verletzter Mensch muss als Erstes die Gewohnheit aufgeben, andere Menschen als Betäubungsmittel für den dumpfen Schmerz zu benutzen, der durch seine eigene innere Leere hervorgerufen wird. Je mehr man die Symptome behandelt, desto weniger besteht die Chance einer echten Heilung durch Gott.

Klammern oder lieben?

Eine weitere Gefahr bei Menschen, die in irgendeiner Form Missbrauch erfahren haben, kann in der ständig steigenden Dosis des Betäubungsmittels bestehen. Achten Sie darauf, dass Sie nicht in Beziehungen hineingeraten, die zur Abhängigkeit führen und besitzergreifend sind. Wenn das Gefühl von Heilung in Ihrem Leben von irgendjemand anderes als von Gott abhängig wird, dann missbrauchen Sie die Beziehung zu Menschen. Es besteht ein großer Unterschied darin, sich an Menschen zu klammern oder sie zu lieben. Wer sich an Menschen klammert, drückt damit aus, dass er den anderen für seine Not braucht, nicht jedoch, dass er ihn liebt. Ähnlich wie bei körperlicher Lustbefriedigung ist es ein extrem selbstsüchtiges Verhalten. Es bedeutet zu nehmen, statt zu geben.

Liebe bedeutet zu geben. Gott ist Liebe. Gott bewies Seine Liebe zu uns nicht dadurch, dass Er uns benutzte, sondern dadurch, dass Er uns etwas gegeben hat.

> *„Denn so sehr hat Gott die Welt geliebt, dass er seinen eingeborenen Sohn gab, damit alle, die an ihn glauben, nicht verloren werden, sondern das ewige Leben haben."* *(Johannes 3:16)*

In der Geschichte jener Frau kommt deutlich zum Ausdruck, dass sie versucht hatte, sich aufzurichten. Für

Menschen, die ihr nicht nahestanden, wäre es ein Leichtes gewesen, sie zu kritisieren und ihr vorzuwerfen, dass sie sich nicht genug gemüht und keine Stärke gezeigt hat. Doch das entspricht nicht immer der Wahrheit. Manchmal geraten wir in Situationen, in denen wir mit unserer Willenskraft nichts erreichen können. Wir wissen nicht, wie wir uns ändern sollen. In der Bibel heißt es, die Frau „war gänzlich unfähig, sich aufzurichten". Das lässt darauf schließen, dass sie mehrfach versucht hatte, sich selbst zu helfen.

Geistliche Gebrechen

Ist es nicht erstaunlich, dass Menschen, die sich selbst nicht helfen können, oft anderen eine große Hilfe sind? Es gibt Menschen des Glaubens, die für andere im Gebet eintreten, doch wenn es um die eigenen Begrenzungen geht, sind sie hilflos. Vielleicht handelt es sich um einen Menschen, auf den andere sich verlassen. Manchmal halten wir andere für wichtiger als uns selbst; wir machen uns dadurch selbst zum Märtyrer. Sich selbst aufzuopfern, ist wunderbar, aber wir müssen aufpassen, dass wir uns nicht selbst verachten! Wenn wir selbst nicht wenigstens ein wenig von der Medizin einnehmen, die wir anderen verabreichen, werden unsere Patienten geheilt, aber wir selber sterben.

„Ich werde nicht sterben, sondern leben und
die Werke des Herrn verkündigen."
(Psalm 118:17)

Enttäuschungen und Depressionen können durch vieles ausgelöst werden. Die hier genannte Frau war von einem Geist der Schwäche ergriffen worden. Ein Geist kann in vielfältiger Form Gestalt annehmen. Bei manchen sind es Minderwertigkeitsgefühle, die durch Missbrauch im Kindesalter, Vergewaltigung, Missbrauch in der Ehe oder Scheidung hervorgerufen wurden. Natürlich handelt es sich dabei zunächst um Vorgänge im sichtbaren Bereich, doch sie haben ihre Wurzeln in geistlichen Gebrechen.

Eines der großen Probleme unserer Zeit ist die Ehescheidung. Frauen sind häufig am schlimmsten betroffen, weil für viele Frauen das höchste Lebensziel in einer glücklichen Beziehung besteht. Schon im Kindesalter spielen die Mädchen mit Barbie und Ken, mit Babypuppen und Puppenstuben. Junge Mädchen liegen auf dem Bett und lesen Liebesromane. Jungen spielen eher Fußball und fahren mit ihren Fahrrädern herum. Wenn eine Frau mit der Vorstellung geimpft wird, das Glück ihres Lebens hinge von einer Liebesbeziehung ab, dann ist das Trauma einer zerbrochenen Beziehung noch viel größer, und es kommt zu einem schmerzlichen Erwachen.

Die Vergangenheit im richtigen Licht sehen

Ehescheidung ist nicht nur eine Trennung. Es ist ein Auseinanderreißen von etwas, was einmal zusammengefügt war. Es gibt keine schnelle Heilung für etwas, das zerrissen wurde. Aber Jesus kann ein zerbrochenes oder zerrissenes Herz heilen!

„Der Geist des Herrn ist auf mir, weil er mich gesalbt hat, zu verkündigen das Evangelium den Armen; er hat mich gesandt, zu

predigen den Gefangenen, dass sie frei sein sollen, und den Blinden, dass sie sehen sollen, und den Zerschlagenen, dass sie frei und ledig sein sollen." (Lukas 4:18)

Etwa fünf von zehn Ehen enden mit einer Scheidung. Eine Spur von Verwüstung zieht sich durch die betroffenen Familien, zerbrochene Träume, zerbrochene Eltern und Kinder. In unserer Zeit kann allein Gott diese Opfer heilen. Nur Er kann als Arzt die Langzeitfolgen solcher Tragödien behandeln.

Der Heilige Geist hat für uns Balsam mit stark heilender Wirkung, nämlich der Vergebung. Wenn wir vergeben, trennen wir damit die Verbindung zu unserer Vergangenheit durch. Allerdings ist der Mensch, dem wir am schwersten vergeben können, meistens unser Gegenüber im Spiegel. Viele geben lautstark anderen Menschen die Schuld, doch im Geheimen machen sie sich selbst für die kaputte Beziehung verantwortlich. Ganz gleich, wen Sie anklagen, in der Schuldzuweisung liegt niemals Heilung!

Wenn Sie langsam verstehen, dass Ihre Vergangenheit nicht notwendigerweise Ihre Zukunft bestimmen muss, dann können Sie endlich den Schmerz loslassen. Es ist nicht möglich, frische Luft einzuatmen, solange man nicht die verbrauchte Luft ausgeatmet hat.

Ich bete darum, dass Gott Ihnen beim Lesen die Gnade gibt, Ihre alte Situation loszulassen und das zu empfangen, was Gott jetzt für Sie hat. Atmen Sie aus; dann atmen Sie ein. Gott hat mehr für Sie.

Lasst die Kinder zu mir kommen
(Matthäus 19:14)

Ein Bereich, in dem sich unsere Gesellschaft sehr viel zu Schulden kommen lässt, betrifft das Wohlergehen unserer Kinder. Ihr Wohlergehen wird schlichtweg missachtet. Missbrauch, ganz gleich in welcher Form, ob körperlich oder seelisch, ist für ein kleines unschuldiges Kind eine schreckliche Sache. Kinder, die den Gefahren der Straße, der öffentlichen Schulen und der Gesellschaft, in der sie als störend empfunden werden, entkommen, erleben in ihren Familien oft keine Geborgenheit, sondern Missbrauch. Ein furchtbarer Gedanke. Und dabei sollte gerade das Zuhause ein Ort der Sicherheit und Geborgenheit sein.

Die jüngsten Statistiken besagen, dass drei von fünf jungen Mädchen in unserem Land sexuelle Übergriffe erleben. Wenn schon die Statistiken einen so hohen Prozentsatz enthalten, wie schrecklich ist dann erst der Gedanke an all die Fälle, die nie bekannt werden und die unter dem Mantel der Verschwiegenheit verschwinden.

Die Missbrauchten sind in unserer Mitte

Wenn Sie, der Leser, zufällig Pastor sind, dann machen Sie sich bitte bewusst, dass diese Zahlen lebendige Menschen in Ihrem Kirchenchor, in den Ausschüssen der Gemeinde und so weiter sind. In diesen Zahlen spiegeln sich die wachsenden Nöte unserer Gemeinden wider. *Pretty Woman* ist den Frauen gewidmet, aber es gibt auch viele Männer, die als Kinder missbraucht wurden. Ich befürchte, Gott wird uns dafür richten, dass wir diese Not in unseren Predigten, unserem Dienst und unseren Gebeten so völlig vergessen. Ich denke auch, dass durch unser Schweigen die Scham und Geheimhaltung, mit der Satan die Opfer quält, noch verstärkt wird.

Wenn ich mich mit diesem Thema beschäftige, fällt mir immer ein, was meine Mutter sagte. Wenn ich vom Spielen auf dem Schulhof nach Hause kam, brachte ich jedes Mal eine neue Schürf- oder Schnittwunde mit. Meine Mutter entfernte als Erstes das Pflaster, reinigte die Wunde und sagte: „Was zugedeckt ist, heilt nicht gut." Meine Mutter hatte Recht. Was zugedeckt ist, heilt nicht gut.

Vielleicht hatte Jesus diese Regel auch vor Augen, als Er die behinderte Frau aufforderte, nach vorn zu kommen. Selbst in der Gemeinde ist viel Mut erforderlich, um in bestimmten, sensiblen Bereichen seine Not zuzugeben und um Hilfe zu bitten. Doch der Herr ist ein guter Arzt, und Er gießt heilendes Öl auf die Wunden. Deshalb decken Sie Ihre Wunden in Seiner Gegenwart auf und lassen Sie zu, dass Er behutsam Ihre Wunden heilt. Eine Frau fand sogar im Saum Seines Gewandes Heilung (Markus 5:25-29). Es gibt Balsam in Gilead (Jeremia 8:22)!

Der Tod des Vertrauens

Selbst wenn der Mensch eine Tragödie überlebt, gibt es doch immer ein Todesopfer. Das Vertrauen schwindet. Jeder weiß, dass kleine Mädchen normalerweise vertrauensselig und ohne Argwohn sind. Wenn nun jemand, der dem Kind eigentlich zum Schutz und zur Stärkung gegeben wurde, dieses Vertrauen durch unerlaubtes Verhalten verletzt, wird das Kind auf vielfältige

Weise verwundet. Es ist so, als würde man einen Computer mit falscher Information programmieren. Aus dem Computer kommt nur das heraus, was eingegeben wurde.

Wenn ein Mann einem kleinen Mädchen sagt, dass sein perverses Verhalten normal sei, hat das Mädchen keinen Grund, an der Wahrheit dieser Aussage zu zweifeln. Sie hängt an dem Mann und lässt zu, dass er sie streichelt und sein entartetes Spiel mit ihr treibt. Normalerweise ist derjenige eine vertraute Person, der zu Zeiten, wo das Kind ohne Schutz ist, Zugang zu ihm hat. Auch Angst spielt eine Rolle. Viele Kinder legen sich mit kalter Furcht im Nacken zu Bett. Sie haben Angst, dass der, der sie missbraucht hat, töten könnte, weil sie das Geheimnis preisgegeben haben. Wenn Kinder tatsächlich vergewaltigt werden, fühlen sie sich außerdem noch körperlich völlig machtlos; sie können sich nicht gegen den Täter wehren.

Was für Gefühle mag ein solches Verhalten später im Leben des Menschen hervorbringen? Ich bin froh, dass diese Frage gestellt wird. Es kann sehr leicht geschehen, dass das Mädchen, das zur jungen Dame heranwächst, Schwierigkeiten hat, irgendjemand zu vertrauen! Vielleicht versucht sie, den inneren Schmerz dadurch zu bewältigen, dass sie auf schamlose Weise die Aufmerksamkeit auf sich lenkt. Die Drogenrehabilitationszentren und Gefängnisse sind voll von Erwachsenen, die als Kinder missbraucht wurden und nach Zuwendung gesucht haben.

Eingeschüchtert durch Zärtlichkeit

Nicht jedes missbrauchte Kind schlägt einen so drastischen Weg ein. Häufig verschwindet die Verhaltensauffälligkeit nach einer Weile. Doch das missbrauchte Mädchen hat noch lange mit Minderwertigkeitsgefühlen zu kämpfen. Es fragt sich: „Wie kann ich wertvoll sein, wenn ich meinem Vater nur dadurch gefallen konnte, dass ich Sex mit ihm hatte?" Eine solche Kindheit kann Auswirkungen darauf haben, wie sich spätere Beziehungen entwickeln. Da das Mädchen durch Nähe und Vertrauen geschädigt wurde, ist es ein regelrechter Kampf für sie, Vertrauen aufzubringen. Eine junge Frau mit einer solchen Vergangenheit wird oft von Unsicherheit und Eifersucht gequält und kann nicht glauben, dass es tatsächlich jemand gibt, der sie liebt.

Menschen, die missbraucht wurden, reagieren unterschiedlich darauf. Manche gehen Menschen, die ihnen helfen wollen, aus dem Weg und fühlen sich zu solchen hingezogen, die es nicht gut mit ihnen meinen. Der Missbrauch wirkt sich so aus, dass sie gute Beziehungen regelrecht sabotieren und jahrelang ungute Beziehungen aufrechterhalten. Andere wieder sind seelisch so gebrochen, dass sie unendlich viel Zuwendung und Zuspruch benötigen, um überhaupt den Alltag bewältigen zu können.

Negativ programmierte Ereignisse unseres Lebens umprogrammieren

Ein Pastor sagt einer jungen Frau im Gespräch, dass Gott ihr himmlischer Vater sei. Aber das hilft ihr nicht, weil gerade dieser Bezugspunkt ihr Problem ist. Unsere Bezugspunkte leiten wir von unseren Erfahrungen ab.

Wenn diese Erfahrungen negativ sind, kann es unsere Fähigkeit einschränken, geistliche Wahrheiten zu verstehen. Ich weiß, dass das für Menschen, die sich in einer solchen Lage befinden, sehr deprimierend klingt. Doch die entscheidende Frage ist, was wir tun, wenn wir von den Ereignissen unseres Lebens negativ programmiert wurden. Ich habe eine gute Nachricht für Sie! Sie können Ihre Gedanken durch Gottes Wort verändern.

> *„Und stellt euch nicht dieser Welt gleich, sondern ändert euch durch Erneuerung eures Sinnes, damit ihr prüfen könnt, was Gottes Wille ist, nämlich das Gute und Wohlgefällige und Vollkommene.“ (Römer 12:2)*

Das griechische Wort *metamorphoo* ist hier mit „Erneuerung" wiedergegeben. Wörtlich bedeutet es, in eine andere Form verändern! Durch Gottes Wort können Sie eine vollkommene Metamorphose erleben.

Als Pastor werde ich sowohl in meiner eigenen Gemeinde als auch auf Reisen oft seelsorgerlich um Rat gebeten. Es ist meine Erfahrung, dass sich missbrauchte Menschen, besonders Frauen, zu gesetzlichen Gemeinden hingezogen fühlen, in denen Gott vor allem als Zuchtmeister verkündigt wird. Die Vorstellung von Vaterschaft ist für sie oft gleichbedeutend mit einem strengen ethischen Kodex. Gerade leistungsorientierte Menschen schließen sich oft Gemeinden an, in denen Gott vor allem als Herrscher dargestellt wird.

Moral oder Gesetzlichkeit?

Natürlich ist Moral wichtig für das christliche Leben. Zwischen Moral und Gesetzlichkeit besteht jedoch ein großer Unterschied. Es ist wichtig, dass Gott nicht falsch verkündigt wird. Gottes Charakter ist ausgewogen. Er ist kein extremer Gott.

„Und das Wort ward Fleisch und wohnte unter uns, und wir sahen seine Herrlichkeit, eine Herrlichkeit als des eingeborenen Sohnes vom Vater, voller Gnade und Wahrheit." (Johannes 1:14)

Die Herrlichkeit Gottes wird nur dann sichtbar, wenn ein Gleichgewicht zwischen Gnade und Wahrheit vorhanden ist. Religion verändert nicht. Gesetzlichkeit verändert nicht. Strenge Regeln können in einem Menschen, der sich unrein fühlt, zwar ein Gefühl der Selbstgerechtigkeit hervorrufen, aber Gottes Weg zur Heilung besteht nicht in der Strafe. Jesus hat für Sie gebetet:

„Heilige sie in der Wahrheit; dein Wort ist die Wahrheit." (Johannes 17:17)

Jesus hat dieser einen verletzten Frau einfach Gnade und Wahrheit erwiesen. Er sagte: „Frau, du bist gelöst." Jesus, unser Herr, ist als der mächtige Befreier der Unterdrückten aufgetreten. Es spielt keine Rolle, ob jemand wegen seines gesellschaftlichen Standes, seines Geschlechts oder seiner Herkunft unterdrückt wird. Unser Herr hebt die Unterschiede auf. Jeder kann dem Wort Gottes glauben und frei werden.

„Hier ist nicht Jude noch Grieche [Herkunft], hier ist nicht Sklave noch Freier [gesellschaftlicher Stand], hier ist nicht Mann noch Frau [Geschlecht]; denn ihr seid allesamt einer in Christus Jesus." (Galater 3:28)

Ich möchte an dieser Stelle betonen, dass in dem genannten Vers von der Einheit und Gleichheit im Blick auf den Bund der Errettung die Rede ist. Das heißt, dass Gott alle Menschen gleich behandelt. Er reißt Mauern nieder, die im Leib Christi Vorurteile und Trennung fördern würden. Wir sollen den genannten Gruppierungen in gleicher Weise begegnen. Gleichzeitig, und das möchte ich ebenso unterstreichen, bleibt die Einzigartigkeit des Einzelnen erhalten.

Gesellschaftliche Vergewaltigung

Jede Gruppierung hat ihre Einzigartigkeit, sei es im Blick auf Herkunft, gesellschaftlichen Stand oder Geschlecht, und diese sollten wir nicht nur bejahen, sondern auch als wertvoll erachten. Wenn wir von Menschen, die einer anderen Kultur oder anderen Herkunft und Volkszugehörigkeit angehören, fordern, dass sie Gott in derselben Weise anbeten wie wir, so ist das gesellschaftliche Vergewaltigung. Die Einzigartigkeit jeder Gruppierung darf nicht der Einheit zum Opfer fallen. Auch im Blick auf soziale Schichten sollten wir Unterschiede akzeptieren. Wir dürfen durchaus über materielle Segnungen sprechen, nur dürfen wir nicht das Bild vermitteln, als sei die Kirche eine Elitegruppe geistlicher Yuppies, in der andere gesellschaftliche Gruppen keinen Platz haben.

Wenn die Menschen schon im Blick auf ihren gesellschaftlichen Stand und ihre Herkunft einzigartig sind, wie viel mehr dann erst hinsichtlich ihres Geschlechts. Mann und Frau sind eins in Christus. Und doch sind sie einzigartig, und diese Einzigartigkeit soll nicht verfälscht werden. Männer sollen männlich sein und Frauen fraulich.

Für einen Mann ist es eine Sünde, ein verdrehtes Bild von sich selbst abzugeben und sich wie eine Frau zu verhalten. Ich meine damit nicht nur Homosexualität. Ich spreche auch von den Männern, die in ihrem ganzen Gehabe weiblich sind. Viele von ihnen sind sicherlich nicht homosexuell, aber die Bibel lehrt uns, dass der Mann von weiblichem Verhalten geheilt werden muss und umgekehrt. Es ist genauso bedauerlich, männliche Frauen zu sehen. Gott hasst sie nicht, sondern will sie heilen!

„Oder wisst ihr nicht, dass die Ungerechten das Reich Gottes nicht ererben werden? Lasst euch nicht irreführen! Weder Unzüchtige noch Götzendiener, Ehebrecher, Lustknaben, Knabenschänder." (1 Korinther 6:9)

(Anmerkung: Lustknabe in Griechisch = *malakos* mit der Bedeutung: Unklare Neigung, weich, d.h. fein (Kleidung); im übertragenen Sinn: Unmännlich, weich". Aus: *Strong's Exhaustive Concordance of the Bible*.)

Fehlverhalten in dieser Hinsicht braucht Heilung und Gebet. Ich will deutlich machen, dass Einheit die Einzigartigkeit nicht aufhebt. Gott sagt: „Ich will nicht, dass die Männer ihre männliche Einzigartigkeit verlieren." Das betrifft alle Bereiche, den gesellschaftlichen Stand, die Herkunft, das Geschlecht.

Gott freut sich an unserer Unterschiedlichkeit und schafft trotzdem Einheit. Es ist wie bei einem Dirigenten, der ein Orchester, das aus den unterschiedlichsten Instrumenten besteht, so dirigieren kann, dass ein einheitlicher, harmonischer Klang dabei entsteht. Gemeinsam bringen wir einen harmonischen Klang hervor, in dem sich die Vielfalt des Wesens Gottes widerspiegelt.

Nachdem ich nun die Einzigartigkeit der Einheit deutlich gemacht habe, will ich einige Aspekte der Einzigartigkeit der Frau erläutern. Die Frau ist von Natur aus eine Empfängerin. Rein körperlich gesehen ist sie nicht dazu geschaffen, zu geben. Ihre sexuelle und seelische Erfüllung ist in gewisser Weise abhängig davon, was der Mann ihr gibt (jedenfalls im Blick auf die Intimbeziehung).

Ein gewisses Maß an Verletzlichkeit

Empfängerin zu sein bedeutet in einem gewissen Maß, auch verletzlich zu sein. Im Blick auf die Fortpflanzung (die sexuelle Beziehung) hat der Mann die gebende Rolle, die Frau die nehmende. Im geistlichen Leben ist es ebenso wie im körperlichen Bereich. Der Mann agiert normalerweise aufgrund dessen, was er als Tatsache erkennt, die Frau hingegen reagiert eher auf das, was die Gefühle ihr vermitteln.

Wenn Ihr Handeln und Ihre Stimmungen nicht eine Reaktion auf die Impulse des Heiligen Geistes sind, dann reagieren Sie auf die List und den Hohn des Feindes. Er versucht, seine zerstörerische Frucht in Ihrer Familie, Ihrem Herzen und Ihren Beziehungen aufgehen zu lassen. Also, *Empfängerin*, achten Sie sorgfältig darauf, was Sie *empfangen!* Die Stimmungen und Haltungen, die Satan anbietet, müssen Sie zurückweisen. Sagen Sie dem Feind: „Das kommt nicht von mir, und ich nehme es nicht an." Satan setzt alles daran, es Ihnen anzubieten ... setzen Sie alles daran, ihm zu widerstehen. Wenn Sie Ihren Teil beitragen, dann wird alles gut.

> *„So seid nun Gott untertan. Widersteht dem Teufel, so flieht er von euch."* (Jakobus 4:7)

Erlauben Sie dem Feind nicht, Kontakt mit Ihnen aufzunehmen und Sie durch seine listigen Versuchungen zu schädigen. Er ist ein Geber, und er sucht nach einem Empfänger. Damit Sie ihm widerstehen können, müssen Sie lernen, seinen Einfluss zu erkennen. Alles, was kommt und nicht mit Gottes Wort in Übereinstimmung ist, auch jede Stimmung, die nicht mit Gottes Wort übereinstimmt, kommt von Satan. Er versucht, durch Ihr Leben Einfluss auf der Erde zu gewinnen. Er will Sie glauben machen, dass Sie sich nicht ändern können. Er liebt Gefängnisse und Ketten!

Lügende Lippen akzeptieren

Sätze wie: „So bin ich nun mal" oder „Ich bin heute schlecht gelaunt", kommen von Lippen, die das akzeptieren, was sie eigentlich zurückweisen sollten. Gestatten Sie sich nicht, sich mit einer anderen Haltung zufriedenzugeben als mit der, die Gott in Ihrem Herzen haben möchte. Lassen Sie nicht zu, dass Satan den Ton im Blick auf den heutigen Tag angibt, für Ihren Mann und Ihre Familie. Eva hätte den Teufel aus Eden hinauswerfen können!

„Gebt nicht Raum dem Teufel.“
(Epheser 4:27)

Es reicht nicht aus, dem Plan des Feindes zu widerstehen. Sie müssen das Wort des Herrn in sich nähren. Sie müssen die Verheißung Gottes und Seine Sicht für die Zukunft an Ihr Herz drücken. Es ist ein Gesetz der Natur, dass alles stirbt, was nicht genährt wird. Und umgekehrt wächst das in Ihrem Leben, was Sie an Ihre Brust legen. Stillen hat mehrere Vorteile. Es ist wie bei einem Säugling. Erstens kann das Kind Ihr Herz schlagen hören. Zweitens wird es durch die körperliche Nähe gewärmt. Und drittens erhält es Nahrung von Ihnen.

Aber wachen Sie darüber, was Sie nähren und was Sie sterben lassen. Achten Sie darauf, dass es das ist, was Sie nähren und sterben lassen wollen. Während Sie diese Zeilen lesen, haben Sie vielleicht das Gefühl, dass das Leben an Ihnen vorübergeht. In einem Bereich Ihres Lebens haben Sie Erfolg, doch in anderen Bereichen fühlen Sie sich wie die größte Versagerin.

Sie benötigen ein brennendes Verlangen nach der Zukunft – das Verlangen muss so groß sein, dass es die Ängste und Hemmnisse der Vergangenheit überwindet. Sie bleiben so lange an die Vergangenheit mit all ihren Geheimnissen gekettet, bis Sie zu dem Entschluss kommen: JETZT REICHT'S!

Ihr Gefängnis wird
von einem Erdbeben erschüttert

Wenn Ihr Verlangen nach einer guten Zukunft stark geworden ist, dann können Sie aus dem Gefängnis ausbrechen. Davon bin ich fest überzeugt. Setzen Sie sich einmal hin und schreiben Sie dreißig Dinge auf, die Sie gern in Ihrem Leben verwirklichen würden. Und dann haken Sie einen Punkt nach dem andern ab, während sich Ihre Wünsche erfüllen. Gleichzeitig in der Vergangenheit zu verweilen und für die Zukunft zu planen, ist unmöglich.

Ich glaube, dass ein Erdbeben Ihr Gefängnis erschüttern wird! Es ist Mitternacht – der Zeitpunkt, an dem ein neuer Tag anbricht! In Ihrem Leben wird eine neue Zeit anbrechen, Veränderung wird geschehen. Deshalb preisen Sie Gott und entfliehen Sie dem Kerker der Vergangenheit!

„Um Mitternacht aber beteten Paulus und Silas und lobten Gott. Und die Gefangenen hörten sie. Plötzlich aber geschah ein großes Erdbeben, so dass die Grundmauern des Gefängnisses wankten. Und sogleich öffneten sich alle Türen, und von allen fielen die Fesseln ab." *(Apostelgeschichte 16:25-26)*

Haben Sie schon einmal versucht, mit einem Menschen zu reden, der abgelenkt ist und Ihnen keine Aufmerksamkeit schenkt? Ein solches Gespräch wirkt sehr komisch. Ihr Gegenüber reagiert einfach nicht auf das, was Sie sagen! Wir können hier einen Grundsatz lernen. Paulus und Silas haben inmitten ihres Schmerzes ihre ganze Aufmerksamkeit auf Gott gerichtet. Im

Leben eines Menschen, der vollkommen mit etwas anderem beschäftigt und abgelenkt ist, kann der Schmerz seine Wirkung nicht entfalten.

Jede Frau hat Erlebnisse, die sie am liebsten vergessen würde. Vergessen hat nichts mit Gedächtnislücken zu tun, sondern bedeutet das Freiwerden von Erinnerungen! Atmen Sie diese Erinnerungen wie verbrauchtes Kohlendioxyd aus und entlassen Sie sie aus Ihrem Geist. Richten Sie Ihre Gedanken auf Gott, dann wird Gott Sie befreien.

„Meine Brüder, ich schätze mich selbst noch nicht so ein, dass ich's ergriffen habe. Eins aber sage ich: Ich vergesse, was dahinten ist, und strecke mich aus nach dem, was da vorne ist, und jage nach dem vorgesteckten Ziel, dem Siegespreis der himmlischen Berufung Gottes in Jesus Christus. Wie viele nun von uns vollkommen sind, die lasst uns so gesinnt sein. Und solltet ihr in einem Stück anders denken, so wird euch Gott auch das offenbaren." (Philipper 3:13-15)

Jesus befreite die behinderte Frau. Jetzt konnte sie aufrecht stehen. Der Zustand der Schwäche, der sie behindert hatte, wurde von dem Gott verändert, der uns liebt, der uns sieht, der unseren Schwächen abhilft und uns befreit. Sie können zu Ihm rufen, selbst wenn die Nacht am tiefsten ist. Wie eine Ambulanz, die rund um die Uhr geöffnet ist, können Sie auch Ihn zu jeder Zeit erreichen. Er erbarmt sich, wenn Er Ihre Not und Schwachheit sieht.

„Denn wir haben nicht einen Hohenpries-
ter, der nicht könnte mitleiden mit unserer
Schwachheit, sondern der versucht worden
ist in allem wie wir, doch ohne Sünde."
(Hebräer 4:15)

Im Namen unseres Hohenpriesters Jesus Christus weise ich jegliche Schwäche zurück, durch die der Rücken
der Frauen gekrümmt wurde, die Gott gehören. Wenn
wir Gottes Wort gemeinsam betrachten, bete ich darum, dass der Heilige Geist Sie aus dem Operationssaal
zurück in Gottes Krankenzimmer fährt und dass Sie
dort erkennen, dass der Schmerz vorbei ist.

Ich möchte noch eine wunderbare Wahrheit hinzu-
fügen: Jeden, den Gott befreit hat, hat Er hinterher
mächtig gebraucht. Möge Gott Seine Heilung und
Seine Absichten offenbaren, während wir Ihn suchen.

KAPITEL ZWEI

Zerbrochene
Pfeile

*Kinder sind lebendige Briefe;
sie sollen der zukünftigen Generation
beweisen, dass die Vergangenheit doch
einen gewissen Beitrag geleistet hat.*

„Siehe, Kinder sind eine Gabe des Herrn, und Leibesfrucht ist ein Geschenk. Wie Pfeile in der Hand eines Starken, so sind die Söhne der Jugendzeit. Wohl dem, der seinen Köcher mit ihnen gefüllt hat! Sie werden nicht zuschanden, wenn sie mit ihren Feinden verhandeln im Tor. "
(Psalm 127:3-5)

ie Geburt eines Kindes ist für mich nach wie vor das größte Wunder, das ich je erlebt habe. Ich stehe in der sterilen weißen Umgebung des Kreißsaals, meine Hände riechen stark nach Desinfektionsmittel, wie ein neues, fremdes Parfüm. Und jetzt wird mir das Verbindungsglied zur Zukunft gereicht. Sie legen mir meinen Botschafter für die nächste Generation in die Arme. Ein sich windendes, kleines Stückchen Liebe, das mit den Augen zwinkert, in die Welt blinzelt, in ein Tuch gehüllt ist, für immer mit meinem Herzen verbunden – wir haben ein Kind bekommen! Für mich ist es ein Stück Himmel, das durch den Mutterschoß und unsere Liebesvereinigung zu uns gekommen ist.

Lebendige Briefe
Kinder sind lebendige Briefe; sie sollen der zukünftigen Generation beweisen, dass die Vergangenheit doch einen gewissen Beitrag geleistet hat. Der Psalmist David schrieb ein paar kurze Zeilen, die jedoch die Kraft einer

Atombombe haben. Sie zielen auf das Herz des Menschen und seine Haltung zu seinen Nachkommen. Die Worte stammen von dem Mann, aus dessen Affäre mit Bathseba ein Kind der Liebe hervorging.

David liebte dieses Kind von Herzen, obwohl die Empfängnis nicht in der Weise geschehen war, wie es hätte sein sollen. Als das kleine Kind mit dem Tode rang, warf sich David, in Sack und Asche gekleidet, auf den Boden und flehte Gott um Gnade an. So groß war seine Liebe zu diesem Kind. Doch dann kehrte in Davids Gemächern plötzlich Totenstille ein. Das kleine Kind bewegte sich nicht mehr. Sein Schreien war verstummt. Davids Kind war in die ewige Ruhe eingegangen.

Pfeile in unserer Hand

Wenn irgend jemand weiß, wie kostbar ein Kind ist, dann diejenigen, die ihr Kind gerade zu Grabe getragen haben. *„Wie Pfeile in der Hand eines Starken, so sind die Söhne der Jugendzeit"*, sagt König David, dessen Pfeil sie ins Grab senkten.

Warum verglich David Kinder mit Pfeilen? Vielleicht weil man sie in die Zukunft hineinschießen kann. Vielleicht wegen der Goldmine, die im Herzen eines jeden Kindes verborgen liegt, das durch den Mutterschoß „hindurchgeschossen" wird. Oder vielleicht wollte David mit diesen Worten ausdrücken, dass die Kinder zu dem Ziel gelangen, auf das wir, die Eltern, sie ausrichten. Könnte es sein, dass wir als Eltern darauf achten müssen, an welchen Bogen wir unsere Pfeile anlegen? Es sollte der richtige Bogen sein, einer, der Erfolg und seelisches Wohlbefinden beschleunigt. Das ist meine Überzeugung. Wie glücklich kann ich sein, dass mein Köcher mit Pfeilen gefüllt ist!

Ein abgeschossener Pfeil

Wenn es wirklich notwendig ist, dass jemand verletzt wird, wenn es wirklich notwendig ist, dass jemand Schmerzen erleidet, ob aufgrund heftiger Stürme, Nöte oder Widerstände, dann soll es bitte die Erwachsenen treffen ... und nicht die Kinder. Ich war der Pfeil meines Vaters und das Herz meiner Mutter. Mein Vater ist tot, aber seine Pfeile schwirren noch immer durch die Luft. Sie, der Leser, werden meinen Vater nie kennen lernen, er ist nicht mehr da. Aber mein Bruder, meine Schwester und ich sind ein fliegender, hoch in die Lüfte aufsteigender, wissenschaftlicher Beweis dafür, dass es meinen Vater gab und dass er durch uns weiterlebt.

Also machen Sie sich keine Gedanken um mich. Ich bin ein abgeschossener Pfeil. Selbst wenn ich nicht erfolgreich bin, habe ich doch den größten Reichtum, den es gibt. Ich habe die Möglichkeit, die Grenzen meines Schicksals zu erforschen. Was geschieht, wird geschehen. Ich kann das Schicksal annehmen, das auf mich zukommt. Ganz gleich, ob ich es freudig annehme oder mich dagegen wehre, in den Chroniken ist jedenfalls aufgezeichnet: Ich bin da. Mein Vater hat mich auf ein Ziel ausgerichtet, und nun bete ich: „O Gott, lass mich mein Ziel treffen!" Wenn ich das Ziel verfehle und zu Boden falle, dann kann ich wenigstens sagen: „Ich bin abgeschossen worden!"

Zerbrochene Pfeile

Wir müssen für die Pfeile unserer Generation beten. Wir müssen für die beten, die mit dem Leben auf der Straße, mit Drogen und Perversion zu tun haben. Nicht alle, aber einige von ihnen sind bereits im Köcher zerbrochen!

Ich schreibe für alle Kinder, die mir schon mit leerem Blick, mit Tränen in den Augen, mit zitternden Lippen gegenübersaßen und versuchten, mir ihr unaussprechliches Geheimnis anzuvertrauen.

Ich schreibe für alle, die mir mit zitternder Stimme durchs Telefon ihr Geheimnis erzählten, das sie nicht für sich behalten, aber auch nicht preisgeben konnten.

Ich schreibe für den Ehemann, der jede Nacht eine Frau in den Armen hält, die wie ein verirrtes Kind ist, wie eine Rosenknospe, die bereits zertreten war, als er sie kennen lernte, wie ein zerbrochener Pfeil, der im Köcher hin und her geworfen wird.

Ich schreibe für die Dame, die hinter ihrem Seidenkleid und ihrer Lederhandtasche ein schreckliches Geheimnis verbirgt, ein Geheimnis, das auch das beste Make-up nicht verdecken und die größte Menge Wasser nicht abwaschen kann.

Manche nennen sie missbrauchte Kinder. Andere nennen sie Opfer. Für wieder andere sind sie eine Zahl in der Statistik. Ich nenne sie zerbrochene Pfeile.

Wessen Hand streichelt die nackte flache Brust eines kleinen Mädchens? Wessen Finger streichen über das Fleisch, das durch ihn selber geschaffen wurde? Warum schmiegt sich die Liebe, die eigentlich Mama gehört, an die Tochter?

„Kann mir jemand sagen, wie ich die Erinnerung an diese Finger loswerden kann?" Das ist die lautlose

Frage vieler kleiner Kinder überall im ganzen Land. Das ist der stumme Hilfeschrei der Kleinen, die noch eine Puppe im Arm halten und auf ihrem kleinen Fahrrad fahren. Es ist der Hilfeschrei kleiner Mädchen und sogar kleiner Jungen, die im Schulbus sitzen und zu Weihnachten etwas bekommen haben, das sie nie jemand werden zeigen oder erzählen können.

Pfeile reparieren

Wir, die Kirche von heute, mühen uns darum, den Erwachsenen bei der Bewältigung ihrer Probleme zu helfen. Wir müssen jedoch erkennen, dass diese Probleme oft in schrecklichen Kindheitserfahrungen wurzeln. Wie behutsam muss ein Chirurg bei jedem Handgriff vorgehen! Wer will auch schon auf dem Operationstisch von einer Metallsäge zerstückelt werden! Genauso verhält es sich mit unserem Seelsorgedienst. Das Wissen aus Lehrbüchern allein reicht nicht aus, um wirksam helfen zu können. Es muss noch eine weitere Voraussetzung da sein. Kein Apotheker kann die Medizin mischen, die wir verabreichen. Die Wunden unserer Patienten befinden sich im Herzen. Wir brauchen keine Medizin, wir brauchen Wunder.

Wie menschlich ist es doch, ein Buch wie dieses in die Hand zu nehmen und das Wirken des Propheten zu kritisieren. Ich muss darüber lachen. Die Kritiker setzen die Worte der göttlichen Weisheit mit dem Wissen gleich, das sie sich angeeignet haben. Viele Menschen setzen ihr Vertrauen auf ein Lehrbuch, obwohl die Sicht des Verfassers möglicherweise durch seine eigenen Geheimnisse getrübt ist. Warum vertrauen sie nicht dem Wort Gottes, das von Anfang an das Ende kennt?

Das Wissen der Psychologen stammt entweder aus anderen Lehrbüchern, aus Vorträgen oder aus eigenen Erfahrungen. Ich bin sehr dankbar für die Hilfe, die viele Menschen von diesen Fachleuten erfahren haben. Trotzdem weiß ich, dass die Psychologen bei ihren Wanderungen durch die verborgenen Kammern einer geplagten Seele im besten Fall eine unsichere Methode anwenden. Was die Menschen brauchen, ist ein Eingreifen Gottes!

Wenn mein Auto eine geringfügige Reparatur benötigt, wenn zum Beispiel der Schlauch für das Kühlwasser erneuert oder ein Reifen gewechselt werden muss, dann ist es ziemlich unwichtig, an wen ich mich um Hilfe wende. Doch wenn ich vermute, dass es sich um ein größeres Problem handelt, fahre ich immer zum Fachhändler. Der Hersteller kennt die Produkte seiner Firma besser als ein anderer Mechaniker. Entsprechend dürfen Pastoren die Geisteswissenschaften als Hilfsmittel einsetzen, aber sie sollten sich nicht von ihnen einschüchtern lassen. Kindesmissbrauch ist kein Schaden am Kühlwasserschlauch!

Gott experimentiert nicht herum. Er ist der Hersteller. Er ist der Meister. Wenn es um den äußerst sensiblen Bereich des sexuellen Missbrauchs von Kindern geht, benötigen wir Antworten, die von Gott kommen und biblisch fundiert sind.

Erbarmen und Veränderung

Ich bin fest davon überzeugt, dass nur dort eine bleibende Veränderung geschehen wird, wo auch Erbarmen ist. So lange sich die christlichen Leiter heimlich über die Menschen mit einem perversen Lebensstil erheben und über sie spotten, wird es keine Heilung geben. Perversion ist das Kind von Missbrauch! Wenn wir, was bereits zerbrochen ist, durch unsere Vorurteile und Ängste noch weiter zerstören, wird es keine Heilung geben. Wenn uns der Feind unser Mitgefühl raubt, raubt er uns gleichzeitig die Heilungskraft.

Barmherzigkeit ist die Mutter der Wunder! Als der Sturm den See aufwühlte und die Jünger Todesängste ausstanden, riefen sie nicht die Macht Christi an. Sie wandten sich an seine Barmherzigkeit. Sie gingen zu Jesus und sagten: „... Fragst du nichts danach, dass wir umkommen?" (Markus 4:38). Sie verstanden, dass nur dann ein Wunder geschehen kann, wenn echte Barmherzigkeit vorhanden ist.

Wenn wir, als Priester, nicht wirklich Anteil an den Nöten unserer Gemeindeglieder nehmen, wenn wir uns stattdessen von den Symptomen abschrecken lassen, wird keine Heilung erfolgen. Das gilt in gleicher Weise für den Ehemann, der sich Heilung für seine Frau wünscht, und für die Mutter, deren kleines Mädchen Frauenprobleme hat: Die Kraft zur Heilung liegt in der Kraft des Erbarmens.

Sind Sie ein zerbrochener Pfeil?

Wenn Sie ein zerbrochener Pfeil sind, dann lassen Sie es bitte zu, dass jemand in Ihren Sturm hineinkommt. Ich weiß, dass Sie normalerweise niemandem erlauben, Ihnen zu Hilfe zu kommen. Ich weiß, dass Sie durch einen Vertrauensbruch jeden Menschen mit Argwohn betrachten. Aber die Mauern, die Sie zum Schutz errichtet haben, sind ein Gefängnis.

Seien Sie befreit!

Der Herr will Sie aus dem Kerker der Angst *befreien!* Er hat Erbarmen mit Ihnen. Niemand würde sich stundenlang Zeit für Sie nehmen, seine eigenen Angelegenheiten und die seiner Familie zurückstellen, um für Sie zu beten, Ihnen Gottes Wort zu verkündigen oder sogar diese Zeilen für Sie zu schreiben, wenn er kein Erbarmen mit Ihnen hätte. *Erheben Sie sich und seien Sie geheilt in Jesu Namen!*

Was geschah mit den Jüngern, die sich in dem vom Sturm hin und her geworfenen Schiff befanden und das Erbarmen des Herrn anzweifelten? Jesus gebot dem Sturm! Wie hatten sie je glauben können, dass dem Gott, der sich mit ihnen im Schiff befand, der Sturm gleichgültig war? Als Jesus sagte: „... Sei still und schweige!" (Markus 4:39), entstand eine große Stille.

Jesus kümmert sich um uns. Er ist voller Barmherzigkeit. Und auch Ihnen sagt Er heute noch dasselbe: „Sei still! Schweige!"

> *„Beim Anblick der Volksscharen aber erfasste ihn tiefes Mitleid mit ihnen, denn sie waren abgehetzt und verwahrlost wie Schafe, die keinen Hirten haben." (Matthäus 9:36)*

> *„Als nun Jesus hervorkam, sah er eine große Menge und erbarmte sich über sie und heilte ihre Kranken." (Matthäus 14:14)*

> *„Da erbarmte sich Jesus seiner, streckte die Hand aus, rührte ihn an und sprach zu ihm: Ich will; sei gereinigt!" (Markus 1:41)*

„Und als Jesus ausstieg, sah er eine große Menge Volks und hatte Erbarmen mit ihnen; denn sie waren wie Schafe, die keinen Hirten haben; und er fing an, sie vieles zu lehren." (Markus 6:34)

„Da hatte der Herr Erbarmen mit diesem Knecht und ließ ihn frei, und die Schuld erließ er ihm auch." (Matthäus 18:27)

Ein Wunder nach dem andern, und jedes Mal ging dem Erweis der Macht Christi Seine Barmherigkeit voraus. Wir können so viele Kirchen bauen, wie wir wollen. Wir können sie mit schönen Farben und aufwendiger Dekoration schmücken. Aber wenn die Menschen in unseren heiligen Hallen nur unsere Klischees und religiöse Rhetorik, jedoch kein liebevolles Wort zu hören bekommen, werden sie unverändert wieder nach Hause gehen.

Dem Kindesmissbrauch ins Gesicht geschaut

Wir dürfen nicht länger die Opfer ächten und die Täter unbehelligt entkommen lassen! Stellen Sie sich eine unsichere, empfindliche, verschüchterte erwachsene Frau vor, in deren Augen sich große Angst widerspiegelt, die wenig Selbstwertgefühl hat und sich mit ihrer ganzen Haltung für ihr Dasein entschuldigt – eigentlich sagt sie nichts anderes als: „Fragst du nicht danach, dass ich umkomme?"

Jedes Mal, wenn Sie eine Frau sehen, die keinen BH, aber Männerkleidung trägt, sich zwar wie ein Mann verhält, doch um keinen Preis mit einem Mann schlafen würde, jedes Mal, wenn Sie einen gepflegten jungen Mann sehen, der eigentlich schon Vater eines Kindes sein könnte, aber sich wie eine Mutter verhält, dann schauen Sie vielleicht möglichem Kindesmissbrauch in die Augen. Wenn Sie dieses Verhalten nicht mögen, haben Sie Recht. Wenn Sie es falsch finden, haben Sie auch Recht. Aber wenn Sie glauben, dass es nicht geheilt werden könnte, sind Sie dem größten Irrtum der Welt auf den Leim gegangen! Wenn Sie solchen Menschen, die ich mit armseligen Worten zu beschreiben versucht habe, in die Augen schauen, dann spüren Sie, dass etwas in ihnen schwach, verletzt, verstümmelt und zerstört ist. Doch dieser Schaden kann behoben werden!

Schmerz tut weh

Diese zersplitterten, zerbrochenen Pfeile gibt es in allen Farben und Formen. Manche sind schwarz, andere weiß. Manche sind reich, andere arm. Aber an einem Punkt ist der Schmerz überall gleich ... er tut immer weh. Getarnt, hinter den Mauern eines äußerlich erfolgreichen Lebens, kämpfen erfolgreiche Menschen oft mit verborgenem Schmerz. Wir dürfen in unserem Dienst als geistliche Leiter keine Scheuklappen haben. Bei vielen Menschen sind die äußerlichen Zeichen des Traumas nicht so dramatisch, wie ich sie beschrieben habe, trotzdem ist die Tragödie in ihrem Leben groß. Wenn nicht Gottes Hand sie halten würde, wäre ihr Leben vollkommen zerstört.

Gott sei alle Ehre! Er ist ein Arzt, der wundervoll heilen kann!

Jeder Mensch, der derartige Nöte erlebt hat, besitzt seine eigene Geschichte. Es gibt Menschen, die solche

Dinge nie erleben mussten. Die Starken sollen das Unvermögen der Schwachen tragen! Gott kann Sie mächtig gebrauchen! Sie können mit dazu beitragen, dass Menschen, die in unterschiedlichem Maß zerbrochen sind, Wiederherstellung erfahren. Manche Menschen werden ununterbrochen verletzt und können trotzdem noch die Ungerechten lieben. Die meisten von uns haben, wenn auch unterschiedlich stark, Schaden genommen, weil wir uns den wirkungslosen Betäubungsmitteln eines sündhaften und oft pervertierten Lebensstils ausgesetzt haben.

Doch wer auf Satans List hereingefallen ist, muss von uns in der Gerechtigkeit unterwiesen werden. Die Tatsache, dass wir ausharren, ist ein Zeugnis für alle, die in ihren eigenen Augen zerbrochene Pfeile sind.

„Und sie brachten Kinder zu ihm, damit er sie anrühre. Die Jünger aber fuhren sie an. Als es aber Jesus sah, wurde er unwillig und sprach zu ihnen: Lasst die Kinder zu mir kommen und wehrt ihnen nicht, denn solchen gehört das Reich Gottes. Wahrlich, ich sage euch: Wer das Reich Gottes nicht empfängt wie ein Kind, der wird nicht hineinkommen. Und er herzte sie und legte die Hände auf sie und segnete sie."
(Markus 10:13-16)

Ich finde es interessant, dass der Herr gerade vor diesem Ereignis über Ehebruch und Ehescheidung sprach. Während Er über dieses Thema redete, brachte jemand die Kinder zu Ihm, damit Er sie anrühre.

Zerbrochene Kinder
kommen aus zerbrochenen Familien

Häufig kommen zerbrochene Kinder aus zerbrochenen Familien. Gerade die Kleinen geraten schnell in das Feuergefecht streitender Eltern. Das erinnert mich an einen Bericht in den Nachrichten aus der Zeit des Golfkriegs. Eine Liste mit Namen junger Männer wurde vorgelesen, die aus Versehen von den eigenen Truppen getötet worden waren. In den Wirren der Kämpfe waren sie unbeabsichtigt getroffen worden. Der Nachrichtensprecher benutzte ein Wort, das ich noch nie gehört hatte. Er nannte es das „freundliche Feuergefecht". Was ist freundlich daran, wenn man mit dem Gesicht im heißen Sand eines fremden Landes liegt und verblutet? Wenn man tot ist, nutzt einem das gar nichts! Viele Kinder werden in dem freundlichen Feuergefecht streitender Eltern verletzt.

Ich frage mich, wer jene namenlosen Menschen waren, die so viel Einsicht und Weisheit hatten, die Kinder zu Jesus zu bringen. Sie brachten die Kinder zu Ihm, damit Er sie anrühre. Was für eine ungewöhnliche Unterbrechung während eines Vortrags über Ehebruch und Ehescheidung. Während Jesus über Erwachsenenprobleme sprach, kamen diese kleinen Kinder mit Schmutzflecken auf ihrer Kleidung und mit einem leeren Blick in den Augen in die Gegenwart Gottes. Als Er sie sah, nahm Er sich trotz Seines vollen Programms Zeit für sie. Er führte kein Seelsorgegespräch mit ihnen, sondern rührte sie an. Mehr ist nicht nötig.

Eine hohe Berufung

Ich ziehe den Hut vor allen, die mit Kindern arbeiten. Das ist eine wunderbare Arbeit. Es ist eine hohe Berufung, ganz gleich, ob es sich um Kindergottesdienst, Kindergarten oder Schulunterricht handelt. Vergessen Sie nie, den Kindern ein Wort der Hoffnung mitzugeben und sie mit einem Lächeln zu ermutigen. Vielleicht ist das die einzige Ermutigung, die sie in ihrem ganzen Leben bekommen. Sie arbeiten an unserer Zukunft. Seien Sie achtsam, vielleicht bauen Sie gerade an einem Haus, in dem wir eines Tages leben müssen!

Was ging in den Jüngern vor? Warum waren sie ärgerlich über namenlose Menschen, die mit jenen kleinen Pfeilen auf die einzige Antwort zielten, von der sie je Hilfe bekommen würden? Jesus unterbrach seine Lehre über Ehescheidung und Missbrauch in der Ehe, um die Opfer anzurühren. Er hielt inne, um sich um die zu kümmern, die unter den Auswirkungen von Ehescheidung zu leiden hatten. Den Jüngern sagte er, dass sie die Kinder zu ihm bringen sollten. Die Leidenden sollten zu Ihm kommen.

Verletzten Menschen zu helfen, ist mühevolle Arbeit. Aber wir müssen zulassen, dass die Leidenden zu Jesus kommen. Wer verletzt ist, ist unglücklich, ganz gleich, ob es sich um ein Tier handelt oder einen Patienten im Krankenhaus. Wir werden niemals einen verwundeten Löwen dazu bewegen können, durch einen Reifen zu springen! Verletzten Kindern und verletzten Erwachsenen gleichermaßen hängt oft der unangenehme Geruch der Bitterkeit an. Auch wenn die Herausforderung groß ist, wäre es dumm, aufzugeben. Deshalb brachten jene Menschen die Wunde zum

Heilmittel, und Er unterbrach die Ausführungen über den Grund Seines Kommens.

Stellen Sie sich das bildlich vor: Winzige Händchen, die sich zu Ihm ausstrecken, kleine Gesichter, die zu Ihm aufblicken, Kinder, die wie Spatzen auf Seinem Schoß hocken. Sie kamen, um berührt zu werden, aber Jesus gibt uns immer mehr, als wir erwarten. Er nahm sie voller Liebe in den Arm. Er berührte sie behutsam mit Seinen Händen. Aber vor allem segnete Er sie, Sein Herz war voller Barmherzigkeit!

Es ist sehr wichtig, dass wir barmherzig bleiben. Wie können wir in der Gegenwart eines liebenden Gottes stehen und diese Kleinen nicht lieben? Jesus segnete die Kinder und forderte gleichzeitig die Erwachsenen auf, wie Kinder zu werden. Ach, wenn wir doch noch einmal Kind sein könnten! Diese Liebesbeziehung, die wir als Kind vielleicht vermisst haben, dürfen wir jetzt erleben, wenn wir uns Gott nur öffnen!

Manchmal müssen wir es zulassen, dass der Herr in unsere kaputte Vergangenheit eingreift. Wie froh bin ich, dass Gott mit Seinen Armen nachhilft, so dass auch älter gewordene Kinder noch wie die Kleinen auf Seinen Schoß klettern können. Dort erfahren sie Heilung und Trost für die Tragödien ihrer Kindheit. Ist es nicht herrlich, in der Gegenwart Gottes noch einmal ein kleines Kind sein zu dürfen und sich in Seine Arme zu kuscheln? Bei Gott können wir wieder Kinder werden. Errettung heißt, dass Gott uns die Möglichkeit gibt, noch einmal von vorne anzufangen. Und Er missbraucht die Kinder nicht, die zu Ihm kommen.

Kuscheln Sie sich in die Arme Ihres Vaters

Es ist wichtig, dass wir lernen, unseren Gott zu loben und anzubeten. Es gibt keinen besseren Weg, in Seine Arme zu gelangen. Selbst wenn Sie als Kind Erwachsenensituationen erlebt haben, kann Gott Ihr Erleben umkehren. Er schenkt dem Erwachsenen die Freude, in Seiner Gegenwart ein Kind zu sein!

Durch den Lobpreis komme ich wie ein Kleinkind auf unsicheren Beinchen zu Ihm. In der Anbetung küsse ich Sein Gesicht, und durch Seine Salbung legt Er liebevoll Seinen Arm um mich. Er hat keine Hintergedanken. Seine Liebe ist sicher und heilend.

„Denn du wirst die Mühsal vergessen, wirst an sie denken wie an vorbeigeflossenes Wasser, und heller als der Mittag wird dein Leben aufgehen; mag es finster sein – wie der Morgen wird es werden. Und du wirst Vertrauen fassen, weil es Hoffnung gibt; und du wirst Ausschau halten, in Sicherheit dich niederlegen. Und du liegst da, und niemand wird dich aufschrecken, und viele werden deine Gunst suchen." (Hiob 11:16-19)

Für den Verletzten ist es unvorstellbar, dass er die Verletzung je vergessen kann. Doch wie bereits beschrieben, bedeutet vergessen nicht Gedächtnisschwund. Es heißt vielmehr, dass die Qual aus der Erinnerung der verwundeten Seele weggenommen ist, wie man bei einem Stich einer Biene den Stachel aus der Haut zieht. Sobald der Stachel entfernt ist, setzt die Heilung ein.

Der Abschnitt bei Hiob drückt sehr treffend aus, dass die Erinnerung wie „vorbeigeflossenes Wasser" ist. Stellen Sie sich vor, Sie stehen in einem Bach; das Wasser, das jetzt in diesem Moment über Ihre Füße fließt, werden Sie nie wieder sehen. So ist es mit dem Kummer, den Sie in Ihrem Leben erfahren haben: Lassen Sie ihn los, lassen Sie ihn vergehen. Dann heißt es bei Hiob, dass die Klarheit des Morgens in scharfem Kontrast zur Dunkelheit der Nacht steht. Mit einfachen Worten ausgedrückt: Es war Nacht, aber jetzt ist es Tag.

Vielleicht hatte David genau dasselbe erlebt und wusste, wie man sich fühlt, wenn man von Schmerzen befreit ist: „Den Abend lang währt das Weinen, aber am Morgen ist Freude" (Ps alm30:6). Es gibt keine größere Sicherheit als in den Armen Gottes. Wenn wir in unserer Beziehung zu Gott Sicherheit erfahren, dann können wir langsam aber sicher die Vergangenheit wie ein Gewand von uns abfallen lassen. Die Erinnerung daran bleibt, aber wir haben dieses Kleid abgelegt.

In Seiner Gegenwart ruhen

Ich bin davon überzeugt, dass das Ruhen in der Beziehung zu Gott uns von dem Gefühl der Schutzlosigkeit befreit. Es ist beklagenswert, dass viele Christen immer noch nicht in der Verheißung Gottes ruhen. Jeder benötigt diese Zusicherung. Kleine Mädchen und erwachsene Frauen benötigen gleichermaßen dieses Gefühl der Sicherheit. Gottes Zeitplanung bei der Schöpfung Evas, der Mutter aller Lebenden, war von entscheidender Bedeutung. Gott enthüllte sie erst dann, als alles bereitstand, was sie brauchte. Sowohl der Garten als auch die Beziehung zu Adam – alles war bereits geordnet. Gott wusste, dass Stabilität für Frauen besonders wichtig ist. Es ist ihnen angeboren. Er wusste, dass sie keine plötzlichen Veränderungen lieben, weil dadurch ihre Sicherheit beeinträchtigt wird.

Zum Schutz bestimmt

Die Frau sollte unter einem Schutz leben. Ursprünglich sollte Adam sie behüten. Er sollte für sie sorgen und sie beschützen. Meine Schwester, Gottes Plan war, dass du immer behütet bist; das war auch Sein Plan für deine Kindheit. Wenn jemand deinen Schutzmantel „aufgedeckt" hat, resultiert daraus das Gefühl der Verletzung. Häufig werden diese Gefühle unterdrückt, aber sie bleiben trotzdem unvermindert stark.

Es ist interessant, dass das biblische Wort für Unzucht „aufdecken" bedeutet. Bei sexuellem Missbrauch wird der Schutzmantel der Familie und der verantwortlichen Personen verletzt, zu denen wir aufgeblickt haben. Bei Missbrauch wird das Opfer seines Vertrauens zu Menschen entkleidet und ist damit der grausigen Realität einer korrupten, von Lust getriebenen Phantasie ausgesetzt. Wenn man frühzeitig das aufdeckt, was nach Gottes Plan noch Schutz benötigt hätte, geschehen nur Verletzungen – wie bei Obst, das man zu früh schält.

Wer von uns kann eine Banane wieder in die Schale einschließen, nachdem sie einmal geöffnet wurde? In der Bibel heißt es: „Bei den Menschen ist's unmöglich, aber nicht bei Gott; denn alle Dinge sind möglich bei Gott" (Markus 10:27).

„Niemand von euch soll sich irgendeinem seiner Blutsverwandten nähern, um die Blöße aufzudecken." (Levitikus 18:6)

Wer ein Kind belästigt, entblößt es. In dem Kind entsteht das Gefühl der Schutzlosigkeit. Ist Ihnen schon einmal bewusst geworden, dass die Wirkung des Blutes Christi unter anderem darin besteht, dass es uns bedeckt? Das Blut Jesu bedeckt die Blöße, wie die Söhne Noahs die Blöße ihres Vaters zudeckten. Jesus wird nicht zulassen, dass Sie Ihr Leben lang entblößt und verletzt umherlaufen müssen.

Gott sprach durch Hesekiel zum Volk Israel und benutzte in Seiner Botschaft das Beispiel einer missbrauchten Frau. Er schildert, wie diese Frau, als sie noch ein Kind war, niemand hatte, der sich um sie kümmerte. Er, Gott, sah dieses Kind am Weg liegen, wickelte es und nahm sich seiner an. Das Baby wäre verblutet, wenn Er nicht die Blutung zum Stillstand gebracht hätte.

„Ich aber ging an dir vorüber und sah dich in deinem Blut liegen und sprach zu dir, als du so in deinem Blut dalagst: Du sollst leben! Ja, zu dir sprach ich, als du so in deinem Blut dalagst: Du sollst leben und heranwachsen; wie ein Gewächs auf dem Feld machte ich dich. Und du wuchsest heran und wurdest groß und schön. Deine Brüste wuchsen, und du bekamst lange Haare; aber du warst noch nackt und bloß. Und ich ging an dir vorüber und sah dich an, und

siehe, es war die Zeit, um dich zu werben.
Da breitete ich meinen Mantel über dich
und bedeckte deine Blöße. Und ich schwor
dir's und schloss mit dir einen Bund, spricht
Gott der Herr, dass du solltest mein sein.
Und ich badete dich mit Wasser und wusch
dich von deinem Blut und salbte dich mit
Öl und kleidete dich mit bunten Kleidern
und zog dir Schuhe von feinem Leder an.
Ich gab dir einen Kopfbund aus kostbarer
Leinwand und hüllte dich in seidene Schlei-
er." (Hesekiel 16:6-10)

Wussten Sie, dass Gott das Bluten eines missbrauchten Kindes zum Stillstand bringen kann? Auch
wenn Sie älter werden, beschützt Er Sie! Er will Ihre
Blöße bedecken. Öffnen Sie Ihr Herz und machen Sie
sich klar, dass Gott schon immer über Ihnen gewacht
hat. Er bedeckt dich, meine Schwester, und Er segnet
dich! Freue dich in Ihm auch trotz der zerstörten Bereiche. Gottes Gnade ist auch für deine Nöte und Wunden groß genug. Er wird dich mit Öl salben.

Gottes Intensivstation
Die Salbung des Herrn komme jetzt auf Sie! Sie soll Sie
reinwaschen, heilen und stärken wie nie zuvor. Gott hat
eine Intensivpflege für solche, die verletzt sind. Gott
wird Sie immer stärken und auch durch Krisenzeiten
hindurchführen. Es ist Ihnen vielleicht gar nicht bewusst, wie oft Gott in Ihr Leben eingreift und die Span-
nungen und den Stress des täglichen Lebens von Ihnen
nimmt. Solche Extrageschenke macht Gott uns ab und

zu. Ja, Geschenke – etwas, das wir nicht verdient haben und nicht anders erklären können als mit der Liebe Gottes. Er weiß, wann die Last uns erdrückt. Und oft greift Er gerade in der richtigen Minute ein (manchmal scheint es in letzter Minute zu sein).

Die Männer werden in der Bibel angewiesen, mit Einsicht bei ihren Frauen zu wohnen (1 Petrus 3:7). Es ist gut, wenn Ehemänner verstehen, dass es für sehr viele Frauen nicht leicht ist, den Stress auszuhalten, der durch nicht bezahlte Rechnungen und finanziell ungeklärte Situationen entsteht. Aufgrund der Art, wie Gott die Frau geschaffen hat, ist für sie das Gefühl der Sicherheit sehr wichtig, besonders im Blick auf die Familie. Derselbe Grundsatz gilt auch für unsere Beziehung zu Gott. Er bekräftigt uns immer wieder Seine Zusagen, damit wir in unserer Seele, in Gedanken und Gefühlen voller Trost und Hoffnung sind, fest und unerschütterlich. Er gibt uns Sicherheit und Gewissheit.

„Darum hat Gott, als er den Erben der Verheißung noch kräftiger beweisen wollte, dass sein Ratschluss nicht wankt, sich noch mit einem Eid verbürgt. So sollten wir durch zwei Zusagen, die nicht wanken – denn es ist unmöglich, dass Gott lügt –, einen starken Trost haben, die wir unsere Zuflucht dazu genommen haben, festzuhalten an der angebotenen Hoffnung."
(Hebräer 6:17-18)

Die Angst der zerbrochenen Pfeile

„Du liegst da, und niemand wird dich aufschrecken ...", – das ist Gottes Wort für Sie (Hiob 11:19). Gott will Sie an einen Ort der Ruhe führen, das rastlose Auf und Ab soll aufhören; Sie sollen nicht mehr furchterfüllt die Menschen anstarren, mit denen Sie zusammenleben. Wenn wir uns nicht sicher fühlen, sind wir schnell verschreckt und aggressiv zugleich, wie ein ängstliches Tier, das sich in eine Ecke verkriecht. Deshalb sagt Christus: „Frau, du bist gelöst!"

Keine Folter ist so schrecklich wie die innere Folter. Wie kann man sich selbst entfliehen? Sie können so viel leisten wie Sie wollen, so lange die drückenden, klirrenden Ketten der alten Geister nicht abgelegt sind, werden Sie nie wirklich Frieden und innere Freude spüren. Gott sagt: „Niemand wird dich aufschrecken". Und „... die vollkommene Liebe treibt die Furcht aus ..." (1 Johannes 4:18).

Ständig in Angst zu leben, ist ein schrecklicher Zustand. Die Furcht, in der viele erwachsene Frauen leben, rührt von zerbrochenen Pfeilstücken. Diese Art von Furcht kann in Eifersucht, Depressionen und vielen anderen Nöten zum Ausdruck kommen. Wenn Sie zulassen, dass die Vergangenheit wie Wasser vorbeirinnt, dann wird eine neue Ruhe und Zuversicht in Ihr Leben kommen. Gott liebt Sie so sehr, dass Er sich darum kümmert, dass Sie zur Ruhe kommen. Ergreifen Sie Autorität über alle Erinnerungsfetzen und Träume, durch die Sie an die Vergangenheit gekettet sind. Selbst jetzt, in diesem Moment, wirkt der Frieden Gottes Neues in Ihrem Leben. Ich ermuntere Sie, Hiob 11:16-19 als ein Versprechen an Sie persönlich zu ergreifen.

Als das Leben noch einfacher war

Ich bin in den Appalachen in West-Virginia aufgewachsen. Es ist eine raue Gegend mit üppiger Vegetation. Über die leuchtend grünen Wälder erheben sich majestätisch zerklüftete Berggipfel. Entlang der Flüsse reihen sich die Hügel; sie wirken wie Stenografen, die durch Jahrhunderte hindurch alle Ereignisse aufgezeichnet haben, ohne dabei irgendein Mienenspiel zu zeigen. Langeweile kannte ich nicht als Kind, ich lief die Waldwege entlang, plantschte in den Flüssen und sang Lieder in den Wind. Jene schlichte Freude ist in meinen Augen ein typisches Kennzeichen jener Zeit, in der das Leben der Kinder noch nicht so komplex war wie heute.

Wer die Geschichte der Appalachen kennt, weiß, dass diese Berge in alten Zeiten sehr vielen Indianern als Hinterland dienten. In meiner Kindheit stießen meine Klassenkameraden und ich manchmal beim Spielen auf den Hügeln oder in einem Flussbett auf bemerkswerte Funde aus der Indianerzeit. Es gibt dort viele von Indianern angelegte Grabhügel; es waren die Friedhöfe für reichere Mitlieder der Stämme.

Am häufigsten fanden wir fortgeworfene Pfeilspitzen, die zur Hälfte geschnitzt und zur Hälfte flach geschlagen waren. Vielleicht hatte ein alter indianischer Krieger einen solchen Pfeil fortgeworfen, weil der Pfeil ausgedient hatte und ihm nicht mehr von Nutzen war. Für den Indianer war er wertlos, für uns aber hatten diese Funde einen unschätzbaren Wert. Wir sammelten sie und verbargen sie an einem sicheren Ort.

Gott sammelt zerbrochene Pfeile

Ich glaube, dass Gott in gleicher Weise verwaiste Kinder sammelt, die von törichten und rücksichtslosen Menschen wie Pfeile aus dem Köcher genommen und ausgesetzt wurden. Wenn Kinder wie Pfeile im Köcher eines starken Mannes sind, dann gehören die zerbrochenen Pfeile, die von demselben Mann fortgeworfen werden, Gott. Für Gott haben die fortgeworfenen Abfälle unserer verwirrten Gesellschaft einen unschätzbaren Wert.

„Sie sollen, spricht der Herr Zebaoth, an dem Tag, den ich machen will, mein Eigentum sein, und ich will mich ihrer erbarmen, wie ein Mann sich seines Sohnes erbarmt, der ihm dient." (Maleachi 3:17)

Bitte, Heiliger Geist, übersetze diese armseligen Worte in eine Flut der Reinigung und Erneuerung. Ich bete, dass Sie, die Sie Zerstörung erfahren haben, zulassen, dass die Hand des Töpfers die zerstörten Bereiche in Ihrem Leben repariert und wiederherstellt. Aus dem vertrauten Umgang mit Gott erwächst Frieden und Ruhe. Dieser Frieden soll inmitten Ihrer jetzigen Situation, inmitten von Kämpfen, Nöten und dem Sturm der Ereignisse, neue Träume in Ihnen wecken. Aber vor allem soll er bewirken, dass alte Ängste abgelegt werden.

KAPITEL DREI

Das gehört der Vergangen- heit an

Viele Menschen setzen ihr Vertrauen auf ein Lehrbuch, obwohl die Sicht des Verfassers möglicherweise durch seine eigenen Geheimnisse getrübt ist. Warum vertrauen sie nicht dem Wort Gottes, der von Anfang an das Ende kennt?

iele Christen haben schon als Kinder die Wiedergeburt erlebt. Es ist ein großes Vorrecht, mit christlichen Werten aufzuwachsen. Ich weiß nicht, wie es gewesen wäre, wenn ich in der Kirche fern von Weltlichkeit und Sünde groß geworden wäre. Manchmal beneide ich die Christen, die ihr ganzes Leben lang nicht von Gottes Weg abgewichen sind. Doch die meisten von uns haben ein anderes Leben geführt. Mir geht es in diesem Kapitel um die vielen Christen, die kein Gespür mehr für andere Menschen haben und an geistlichem Hochmut leiden. Jesus verurteilte die Pharisäer wegen ihrer geistlichen Arroganz, und leider schleicht sich dieser selbstgerechte Geist sehr häufig in die Kirche ein.

Unheilige Heiligkeit

Manche Christen definieren Heiligkeit danach, wie sich jemand kleidet oder was er isst. Jahrelang haben sich Gemeinden als „heilig" bezeichnet, weil sie über das Aussehen ihrer Mitglieder gewacht haben. Doch auf den Charakter haben sie keinen Wert gelegt. Viele haben sich nur darüber gestritten, ob man als Christ Schmuck oder Make-up tragen darf, und darüber die vielen tausend Menschen vergessen, deren Leben durch Drogen und Prostitution zerstört wird. Die Prioritäten wurden vertauscht. Personen, die in Gottesdiensten zu Gast waren, aber nicht zur Gemeinde gehörten, haben sich gewundert, warum der Pastor über äußerliche Kleidung predigt, obwohl so viele Menschen innerlich bluten.

Tatsache ist, dass wir alle in Sünde geboren wurden und Schwachheit an uns tragen. Niemand besitzt eine Plakette mit der Aufschrift „Gerechtigkeit", die er sich anstecken könnte. Gott sagt deutlich, dass alle in der Sünde gefangen sind. Er will uns von uns selbst retten (Galater 3:22). Nicht die Tat der Sünde, sondern der Zustand der Sünde hat uns unter Verdammung gebracht. Wir sind alle in Sünde geboren. Jeder Einzelne von uns befindet sich in der gleichen Lage; keine Nation, keine Volksgruppe ist davon ausgenommen; wir sind alle in Schwachheit geformt und können dem sündhaften Erbe Adams nicht entfliehen.

Nebensächlichkeiten zur Hauptsache machen

Es gibt keinen Menschen, der das Blut Jesu in größerem Maß benötigte als andere Menschen. Jesus ist ein und für allemal gestorben. Für alle Menschen gibt es nur diesen einen Zugang zu Gott. Kein einziger Mensch ist dazu in der Lage, aufgrund seiner eigenen Verdienste vor Gott zu erscheinen. Wenn wir das verstanden haben und in dieser Haltung zu Ihm kommen, erhöht Er uns durch das Blut Christi. Er erhöht uns nicht, weil wir Gutes getan hätten. Er erhöht uns, weil wir an das Werk glauben, dass Er am Kreuz vollbracht hat.

Viele von uns haben nach Heiligkeit gestrebt. Doch was wir zu vervollkommnen suchten, ist bereits gefallen und wird erst beim zweiten Kommen Christi wiederhergestellt werden. Wir haben versucht, das Fleisch zu verbessern. Doch das Fleisch steht in Feindschaft gegen Gott, ganz gleich, ob es schön angemalt ist oder nicht.

Die Kirche hat häufig Nebensächlichkeiten zur

Hauptsache gemacht, und tut es immer noch. Wo das geschieht, weiß man, dass sie den Kontakt zur Welt und die Inspiration des Herrn verloren hat. In diesem Zustand kann sie nicht mehr nach den Verlorenen suchen. Wenn sich eine Gemeinde mit Äußerlichkeiten beschäftigt, hat sie ihre Leidenschaft für Menschen verloren. Wenn wir einen solchen Zustand erreichen, haben wir eine Pseudo-Heiligkeit erlangt. Es ist eine falsche Heiligkeit.

Was ist Heiligkeit?

Um Heiligkeit zu verstehen, müssen wir zunächst einmal die falsche Heiligkeit von der echten abgrenzen. Es ist möglich, in eine Kirche zu gehen und sie mit dem Gefühl wieder zu verlassen, ein Bürger zweiter Klasse zu sein. Viele übertreiben auf der anderen Seite und versuchen, ihre nicht gerade rühmenswerte Vergangenheit mit einer Supergeistlichkeit auszugleichen. Sie können sich Ihre Befreiung nicht verdienen. Sie können sie nur im Glauben empfangen. Christus ist die einzige Gerechtigkeit, die vor Gott bestehen kann. Wenn Gott äußere Heiligkeit achten würde, hätte Christus die Pharisäer gelobt.

Doch die wahre Heiligkeit betrifft unseren Geist. Sie kommt durch das Blut Jesu Christi; Sein Blut heiligt unser Inneres. Wenn unser Geist gereinigt ist, wird sich das unweigerlich in unserem Charakter und Verhalten zeigen. Dann wollen wir uns nicht mehr so kleiden wie Maria Magdalena, bevor sie dem Meister begegnete. Der Geist Gottes selbst wird uns Grenzen setzen. Die Menschen müssen von den Ketten der Schuld und Verdammnis gelöst werden. Es gibt Prediger, die durch ihre Predigten Kontrolle ausüben und manipulieren; gerade Frauen werden dadurch oft in eine neue Knechtschaft gebracht.

Das einzige Krankenhaus für verwundete Seelen

Die Kirche muss ihre Türen weit öffnen und Menschen willkommen heißen, deren Vergangenheit alles andere als rühmlich ist. Leider sitzen diese Menschen jedoch oft jahrelang in den letzten Reihen der Kirche und versuchen, ihre Vergangenheit durch besondere Ehrerbietung abzuarbeiten. Gemeinden sind oft nicht bereit, von Gott erneuerte Frauen als Mitarbeiter einzusetzen. Wir dürfen nicht vergessen, dass dasselbe Blut, das Männer reinigt, auch Frauen wiederherstellen kann.

In der Bibel wird nicht geschwiegen über die Schwächen der Menschen, die Gott gebrauchte. Gott gebrauchte David, und Gott gebrauchte Abraham. Wir müssen unser Schamgefühl hinsichtlich verwundeter Menschen ablegen. Ja, es gibt verwundete Menschen in unserer Mitte. Ja, es gibt verletzte Menschen in unserer Mitte. Und manchmal überschreiten sie die Grenzen, geben ihrer Lust nach und verlieren die Kontrolle. Wenn es geschieht, müssen wir sie erneut im Krankenhaus aufnehmen und ihnen eine weitere Behandlung zugestehen. Genau dazu ist die Kirche da. Die Kirche ist das einzige Krankenhaus für verwundete Seelen.

Das Pflegepersonal im Krankenhaus weiß, dass Menschen von Zeit zu Zeit krank werden und dann einen Ort benötigen, an dem sie wieder gesunden können. Ich befürworte keine Duldung der Sünde. Ich erkläre nur, dass Sünde eine Realität ist. Viele der

Menschen in der Bibel waren unheilig. Die einzige heilige Person in der ganzen Bibel ist Jesus Christus, die Gerechtigkeit Gottes.

Den Blick auf verletzte Menschen richten

Jeder von uns kämpft mit irgendetwas, auch wenn die Herausforderungen unterschiedlich groß sind. Mein Kampf muss nicht Ihr Kampf sein. Wenn ich mit etwas zu kämpfen habe, das für Sie kein Problem ist, dann ist es nicht Ihre Aufgabe, mich zu verurteilen, während Sie doch selbst mit etwas zu kämpfen haben, das gleichermaßen belastend ist.

Das Vorgehen von Jesus unterschied sich sehr von dem unseren. Er richtete seinen Blick gerade auf die verletzten Menschen. Immer wenn Er einen verletzten Menschen sah, ging Er auf ihn zu und half dessen Not ab.

Während Er einmal predigte, fiel Sein Blick auf einen Mann mit einer gelähmten Hand, der mitten in der Menge stand. Sofort heilte Er ihn (Markus 3:1-5). Er saß zu Tisch mit den Prostituierten und Säufern, nicht mit den angesehenen Persönlichkeiten der damaligen Gesellschaft. Jesus umgab sich geradezu mit zerbrochenen, blutenden und schmutzigen Leuten. Er rief zum Beispiel eine verkrüppelte und verkrümmte Frau zu sich (Lukas 13:11-13). Sie kam schon seit vielen Jahren zur Gemeinde und saß immer in der Synagoge. Niemand hatte dieser Frau geholfen, bis Jesus sie sah. Sobald Er sie sah, forderte Er sie auf, zu ihm zu kommen.

Als ich über diese Aufforderung nachdachte, kam mir zuerst der Gedanke: *Wie rücksichtslos, sie so nach vorne zu rufen.* Warum sprach Er nicht einfach ein

Wort und heilte sie auf dem Platz? Vielleicht ist es Gott wichtig, dass wir uns auf Ihn zubewegen. Wir müssen uns unsere Befreiung etwas kosten lassen. Wenn wir eine Prüfung erlebt haben, können wir ein Zeugnis erzählen. Ich glaube, dass unter den Zeugen des Geschehens Menschen mit Problemen saßen. Wenn wir erleben, wie jemand seine Behinderung überwindet, hilft es uns, selbst zu überwinden.

Die Wunden der Vergangenheit heilen

Wir wissen nicht, wie lange die Frau benötigte, um nach vorn zu kommen. Behinderte Menschen können sich nicht so schnell bewegen wie gesunde Menschen. Auch unter uns Christen gibt es Gläubige, die nicht so schnell wachsen wie andere, weil sie schon viele Jahre gelitten haben. Sie sind eingeschränkt. Was für den einen einfach ist, ist für den anderen extrem schwierig. Aber Jesus forderte diese Frau gerade am Punkt ihrer Begrenzung heraus. Er rief sie trotz ihrer Behinderung zu sich.

Dank sei Gott, ruft Er Frauen zu sich, denen ihre Vergangenheit noch anhängt. Er wendet sich der Frau zu und sagt: „Steh auf! Du kannst zu mir kommen." Ganz gleich, was ein Mensch getan hat oder in welcher Weise er missbraucht worden ist, Jesus ruft jeden. Wir meinen vielleicht, unser schreckliches Geheimnis sei schlimmer als das irgendeines anderen Menschen. Aber Sie dürfen wissen, dass Er Ihr Geheimnis kennt und sich trotzdem nicht davon abbringen lässt, Sie zu rufen.

Jesus sagte: „Kommt her zu mir alle, die ihr mühselig und beladen seid; ich will euch erquicken" (Matthäus 11:28).

Deshalb ist es ein Muss, dass Menschen mit einer

schwierigen Vergangenheit sich ihren Weg zu Jesus bahnen, ganz gleich, wie schwierig ihre Lebensumstände sind. Ganz gleich, wie groß die inneren oder äußeren Hindernisse sind, sie müssen sich an Ihn wenden. Vielleicht halten Sie ein uneheliches Kind in Ihren Armen – lassen Sie sich nicht abhalten, gehen Sie zu Ihm. Vielleicht sind Sie missbraucht oder belästigt worden und haben noch nie jemandem davon erzählt – hören Sie nicht auf, sich Ihm zuzuwenden. Sie müssen nicht jedem Ihre ganze Geschichte erzählen. Es reicht aus, dass Sie wissen, Er ruft ganz bewusst Frauen zu sich, denen ihre Vergangenheit noch anhängt. Er kennt Ihre Geschichte, und Er hat Sie trotzdem zu sich gerufen.

Gott wird ein Wunder für Sie tun. Er wird ein großes Wunder tun, und zwar in der Öffentlichkeit. Und viele werden sagen: „Ist das nicht die Frau, die immer verkrümmt war und ganz verletzt in die Kirche kam?" Andere denken vielleicht: „Ist das nicht die Frau, die sich immer mit einem Fuß in der Kirche und mit dem andern in einer Affäre befand?"

Jesus pflegte engen Kontakt zu „schillerden" Personen

Die Menschen, die Jesus bei Seinem Wirken hier auf der Erde begleiteten, waren vielfach Personen mit einer recht schillernden Vergangenheit. Manche hatten lange auf das Kommen des Messias gewartet. Doch andere hatten in Unmoral gelebt und unrühmliche Dinge getan.

Ein gutes Beispiel stellt Matthäus dar. Er übte einen äußerst verachteten Beruf aus, er war Steuereintreiber. Steuereintreiber sind auch heute nur bei wenigen

Menschen beliebt. Doch damals hatten sie einen noch schlechteren Ruf. Matthäus trieb Steuern für das Römische Reich ein. In den Augen der treuen Juden war er ein Vaterlandsverräter. Die Römer herrschten über die Juden. Wie konnte Matthäus nur seinem eigenen Volk untreu werden und sich den Römern anschließen?

Außerdem war es bei den Zöllern üblich, nicht nur die festgelegte Steuer für die römische Regierung zu erheben. Die Zöllner waren oft wenig besser als gewöhnliche Wucherer. Sie mussten eine bestimmte Summe für Rom erheben, doch alles, was sie darüber hinaus eintreiben konnten, wurde als Provision angesehen. Deshalb erhoben die Zöllner oft extrem hohe Steuersätze. Viele unterschieden sich kaum von verbrecherischen Dieben.

Doch Jesus berief Matthäus trotz dessen Vergangenheit zu Seinem Jünger. Später wurde Matthäus zu einem berühmten Apostel und schrieb eines der Bücher des Neuen Testaments. Wichtige Teile der Geschichte Jesu und Seiner Größe wären uns nicht überliefert worden, wenn Jesus nicht Matthäus berufen hätte, einen Mann mit einer unrühmlichen Vergangenheit. Wir müssen zwischen der Vergangenheit und der Gegenwart eines Menschen eine ganz klare Demarkationslinie ziehen.

Menschen mit einer unrühmlichen Vergangenheit

Das waren genau die Menschen, die Jesus erreichen wollte. Jesus geriet ins Schussfeuer der Kritik, weil Er sich mit solch fragwürdigen Gestalten umgab. Überall wohin Jesus ging, folgten ihm die Unterdrückten und

Abgelehnten, denn sie wussten, dass bei Ihm Barmherzigkeit und Vergebung zu finden war.

„Und es begab sich, als er zu Tisch saß im Hause, da kamen viele Zöllner und Sünder und saßen zu Tisch mit Jesus und seinen Jüngern. Als das die Pharisäer sahen, sprachen sie zu seinen Jüngern: Warum isst euer Meister mit den Zöllnern und Sündern? Als das Jesus hörte, sprach er: Die Starken bedürfen des Arztes nicht, sondern die Kranken." (Matthäus 9:10-12)

Menschen mit einer unrühmlichen Vergangenheit können immer zu Jesus kommen. Er macht aus ihnen etwas Wunderbares. Es heißt, Maria Magdalena sei eine Prostituierte gewesen. Selbst zu Menschen, die diese Form des Gelderwerbs gewählt hatten, war Christus voller Erbarmen. Er gebrauchte Prostituierte nie für Sex, vielmehr ließ Er sie Seine Liebe so sehr spüren, dass sie in das Reich Gottes hineinkamen.

Als Jesus im Tempel lehrte, traten immer wieder Menschen auf, die Ihn mit Seinen eigenen Worten fangen wollten. Sie wussten, dass die breite Masse des gewöhnlichen Volkes vom Wirken Jesu angezogen wurde. Deshalb versuchten die Kritiker Jesus dazu zu bewegen, sich mit Seinen Worten am Gesetz zu vergehen. Sie hofften, dass sich das Volk dann von Ihm abwenden würde.

„Aber die Schriftgelehrten und Pharisäer brachten eine Frau zu ihm, beim Ehebruch

ergriffen, und stellten sie in die Mitte und sprachen zu ihm: Meister, diese Frau ist auf frischer Tat beim Ehebruch ergriffen worden. Mose aber hat uns im Gesetz geboten, solche Frauen zu steinigen. Was sagst du? Das sagten sie aber, ihn zu versuchen, damit sie ihn verklagen könnten. Aber Jesus bückte sich und schrieb mit dem Finger auf die Erde. Als sie nun fortfuhren, ihn zu fragen, richtete er sich auf und sprach zu ihnen: Wer unter euch ohne Sünde ist, der werfe den ersten Stein auf sie." (Johannes 8:3-7)

Es besteht kein Zweifel, dass Jesus bei diesem Vorfall Sein Augenmerk auf den religiösen Stolz im Herzen der Pharisäer richtete. Er wollte nicht die Sünde des Ehebruchs billigen. Jesus wusste ganz einfach, wie man Menschen dort abholt, wo sie stehen, und wie man ihnen dann in ihrer Not hilft. Jesus sah einerseits den Stolz in den Pharisäern und wollte ihnen mit einer Korrektur helfen. Er sah gleichzeitig die verwundete Frau und bot ihr Vergebung an. Die Gerechtigkeit forderte die Steinigung. Aber die Barmherzigkeit Gottes beendete die Gerichtssitzung mit einem Freispruch.

Haben Sie sich je gefragt, wo der Mann war, der mit dieser Frau Ehebruch begangen hatte? Die Frau war bei der Tat ertappt worden. Deshalb müssen die Pharisäer gewusst haben, wer der Mann war. Auch heute wird bei sexuellen Sünden immer noch mit zweierlei Maß gemessen. Auf Frauen, die früher ein Leben in Sünde geführt haben, wird oft herabgeblickt; es scheint keine

Rolle zu spielen, was inzwischen aus ihnen geworden ist. Doch Jesus wusste, welche Kraft ein Neuanfang hat.

„Und er bückte sich wieder und schrieb auf die Erde. Als sie aber das hörten, gingen sie weg, einer nach dem andern, die Ältesten zuerst; und Jesus blieb allein mit der Frau, die in der Mitte stand. Jesus aber richtete sich auf und fragte sie: Wo sind sie, Frau? Hat dich niemand verdammt? Sie antwortete: Niemand, Herr. Und Jesus sprach: So verdamme ich dich auch nicht; geh hin und sündige hinfort nicht mehr.“ (Johannes 8:10-11)

In der Gemeinde heute gibt es Menschen, die dieser Frau in vielem gleichen. Es mögen Menschen sein, die sich von ganzem Herzen Christus hingegeben haben und in denen der Geist Gottes wohnt. Trotzdem haben sie eine Behinderung. Sie werden gesteinigt und verachtet. Vielleicht sind sie nicht körperlich verwundet, nicht äußerlich gebeugt, aber innerlich tragen sie eine Verletzung. Irgendwie muss die Kirche Christi einen Weg finden, jegliche Verdammung aus ihrer Mitte zu verbannen und solchen Menschen Leben und Heilung zukommen zu lassen.

Das Blut Christi ist wirksam, es reinigt die Frau, die sich unrein fühlt. Wie können wir diejenigen abweisen, die Er gereinigt und heil gemacht hat? Dasselbe, was Er der Frau sagte, verkündigt Er auch heute: „So verdamme ich dich auch nicht; geh hin und sündige hinfort nicht mehr.“ Wie kann die Gemeinde etwas anderes verkündigen?

Die Ketten, die uns binden

Die Ketten, die uns binden, stammen häufig von Ereignissen, auf die wir keinen Einfluss hatten. Die missbrauchte Frau ist nicht verantwortlich für die schrecklichen Dinge, die in ihrer Vergangenheit geschehen sind. In anderen Fällen sind Ketten entstanden, weil wir ganz bewusst ein Leben geführt haben, das Knechtschaft und Leid hervorbringt. Doch ganz gleich, welche Ursache die Ketten haben, Jesus ist gekommen, um uns zu befreien. Er löst die Fesseln der Frauen, die zu Seiner Gemeinde gehören. Er vergibt, heilt und stellt wieder her. Frauen können im Blick auf ihre Zukunft ihr ganzes Potential entwickeln, weil Jesu wunderbare Kraft in ihrem Leben wirksam ist.

KAPITEL VIER

Das Opfer überlebt

Stellen Sie sich vor, Sie stehen in einem Bach; das Wasser, das jetzt in diesem Moment über Ihre Füße fließt, werden Sie nie wiedersehen. So ist es mit dem Kummer, den Sie in Ihrem Leben erfahren haben: Lassen Sie ihn los, lassen Sie ihn vergehen.

n diesem Kapitel möchte ich mich mit einer sehr aussagekräftigen Geschichte beschäftigen. Sie spielt im alten Israel. Das auserwählte Volk war zu einem mächtigen Königreich herangewachsen. Unter der Herrschaft des gottesfürchtigen Königs David befand sich Israel auf dem Höhepunkt seiner Macht. Niemand wird leugnen, dass David immer wieder ungezügelt seinen Leidenschaften Raum gab und den Weg der Moral verließ. Andererseits war David ein Mann, der seine Fehler zugab und bereitwillig Buße tat. Er war ein Mann, der Gottes Herz suchte.

Davids größter Wunsch war es, Gott zu folgen. Trotzdem vererbten sich seine Leidenschaften und Lüste zum Teil auf seine Kinder. Vielleicht waren ihnen die Fehler ihres Vaters ein Vorbild im Negativen. Dieser Versuchung müssen wir widerstehen. Wir sollen nicht die Fehler unserer Väter wiederholen. Leider übernehmen wir sehr schnell die Schwächen unserer Väter.

„Und es begab sich danach: Absalom, der Sohn Davids, hatte eine schöne Schwester, die Thamar hieß; und Amnon, der Sohn Davids, gewann sie lieb. Und Amnon grämte sich, so dass er fast krank wurde, um seiner Schwester Thamar willen; denn sie war eine Jungfrau, und es schien Amnon unmöglich zu sein, ihr etwas anzutun. Amnon aber hatte einen Freund, der hieß Jonadab,

ein Sohn von Davids Bruder Schima, und dieser Jonadab war ein sehr erfahrener Mann. Der sprach zu ihm: Warum wirst du so mager von Tag zu Tag, du Königssohn? Willst du mir's nicht sagen? Da sprach Amnon zu ihm: Ich habe Thamar, die Schwester meines Bruders Absalom, lieb gewonnen. Jonadab sprach zu ihm: Lege dich auf dein Bett und stelle dich krank. Wenn dann dein Vater kommt, dich zu besuchen, so sprich zu ihm: Lass doch meine Schwester Thamar kommen, damit sie mir Krankenkost gebe und vor meinen Augen das Essen bereite, dass ich zusehe und von ihrer Hand nehme und esse. So legte sich Amnon hin und stellte sich krank. Als nun der König kam, ihn zu besuchen, sprach Amnon zum König: Lass doch meine Schwester Thamar kommen, dass sie vor meinen Augen einen Kuchen oder zwei mache und ich von ihrer Hand nehme und esse. Da sandte David zu Thamar ins Haus und ließ ihr sagen: Geh hin ins Haus deines Bruders Amnon und mache ihm eine Krankenspeise. Thamar ging hin ins Haus ihres Bruders Amnon; er aber lag zu Bett. Und sie nahm den Teig und knetete ihn und bereitete ihn vor seinen Augen und backte die Kuchen. Und sie nahm die Pfanne und schüttete sie vor ihm aus; aber er weigerte sich zu essen. Und Amnon sprach: Lasst jedermann von mir hinausgehen. Und es ging jedermann von ihm hinaus. Da sprach Amnon zu Thamar: Bringe die Krankenspeise in die Kammer, damit ich von deiner Hand nehme und esse. Da nahm Thamar die Kuchen, die sie gemacht hatte, und brachte sie zu Amnon, ihrem Bruder, in die Kammer. Und als sie diese zu ihm brachte, damit er esse, ergriff er Thamar und sprach zu ihr: Komm, meine Schwester, lege dich zu mir! Sie sprach aber zu ihm: Nicht doch, mein Bruder, schände mich nicht; denn so tut man nicht in Israel. Tu nicht solch eine Schandtat! Wo soll ich mit meiner Schande hin? Und du wirst in Israel sein wie ein Ruchloser. Rede aber mit dem König, der wird mich dir nicht versagen. Aber er wollte nicht auf sie hören und ergriff sie und überwältigte sie und wohnte ihr bei. Und Amnon wurde ihrer überdrüssig, so dass sein Widerwille größer war als vorher seine Liebe. Und Amnon sprach zu ihr: Auf, geh deiner Wege! Sie aber sprach zu ihm: Dass du mich von dir stößt, dies Unrecht ist größer als das andere, das du an mir getan hast. Aber er wollte nicht auf sie hören, sondern rief seinen Diener, der ihm aufwartete, und sprach: Treibe diese von mir hinaus und schließ die Tür hinter ihr zu! Und sie hatte ein Ärmelkleid an; denn solche Kleider trugen des Königs Töchter, solange sie Jungfrauen waren. Und als sein Diener sie hinausgetrieben und die Tür hinter ihr zugeschlossen hatte, warf Thamar

Asche auf ihr Haupt und zerriss das Ärmel-
kleid, das sie anhatte, und legte ihre Hand
auf das Haupt und ging laut schreiend da-
von. Und ihr Bruder Absalom sprach zu ihr:
Ist dein Bruder Amnon bei dir gewesen?
Nun, meine Schwester, schweig still; es ist
dein Bruder, nimm dir die Sache nicht so zu
Herzen. So blieb Thamar einsam im Hause
ihres Bruders Absalom. Und als König Da-
vid dies alles hörte, wurde er sehr zornig."
(2 Samuel 13:1-21)

Der Name *Thamar* bedeutet „Palme". Thamar überlebt. Im Frühling und im Sommer ragt sie aufrecht em-
por. Selbst im Herbst, wenn die anderen Bäume die
Blätter verlieren, bleibt sie grün. Sie steht immer noch
aufrecht. Wenn die Kälte des Winters ihr ins Gesicht
schlägt, widersteht sie den eisigen Winden und bleibt
auch während des Winters grün. Thamar überlebt.
Und Sie überleben in gleicher Weise. Gott hat Ihnen
die Zähigkeit geschenkt, auch in harten Zeiten Druck
und Spannung aushalten zu können.

Missbrauch ist anormaler Gebrauch
Für mich als Mann ist es schwer nachzuvollziehen, wie
schrecklich eine Vergewaltigung für eine Frau ist. Ich
kann mitfühlen, aber die Tiefe der Verletzung kann ich
nicht nachempfinden. Ich bin einer möglichen Vergewaltigung längst nicht so wehrlos ausgeliefert wie eine
Frau. Doch ich würde Vergewaltigung so definieren,
dass ein Geschöpf einem andern ohne dessen Zustimmung seinen Willen aufzwingt. Missbrauch umfasst

mehr als nur den reinen Geschlechtsakt. Missbrauch bedeutet, dass Sie jemand zum Opfer fallen. Es gibt Missbrauch auf verschiedenen Ebenen: Emotional, geistlich und körperlich. Und man kann auf vielerlei Weise solchem Missbrauch zum Opfer fallen. Missbrauch ist anormaler Gebrauch. Es ist schrecklich, jemand zu missbrauchen.

Die Schuldgefühle der Opfer

Viele Frauen haben Schuldgefühle über ein Geschehen, auf das sie keinen Einfluss hatten. Sie fühlen sich schuldig, dass sie zum Opfer wurden. Oft begann alles mit dem Wunsch, dem anderen zu helfen, doch im Prozess des Geschehens wurden sie zerstört. Das erlebte auch Thamar.

Thamar war eine Königstochter, und sie war eine Jungfrau. Sie war „ein gutes Mädchen". Sie führte ein moralisch einwandfreies Leben. Doch ihr Bruder wurde so sehr von dem Verlangen nach ihr getrieben, dass er am Ende das Leben seiner Schwester zerstörte. Er dachte, er würde sie lieben. Doch es war keine Liebe, sondern Lust. Er verlangte so stark nach ihr, dass er nicht einmal mehr essen wollte. Er wurde körperlich verzehrt vor Leidenschaft. Liebe ist eine gebende Kraft, Lust jedoch ist ein selbstsüchtiger Zwang, der auf Befriedigung zielt.

Der verkehrte Amnon

Wenn man darüber nachdenkt, wie Amnon nächtelang Pläne für Thamars Zerstörung schmiedete und seine List ersann, überkommt einen das kalte Grausen. Amnons Sehnsucht nach Thamar war ungewöhnlich stark. So stark, dass selbst sein Vater und sein Vetter eine Veränderung in Amnons Verhalten bemerkten. In ihm brannte eine starke Begierde und Leidenschaft für Thamar.

Amnon ist ein gutes Beispiel für das Trachten des Feindes, Gottes Kinder zu verletzen. Er schmiedet Pläne, um Sie zu zerstören. Er schaut mit lüsternem Blick auf Sie. Er wird von starker Leidenschaft und Ausdauer getrieben. Darum sagte Jesus zu Petrus: „... der Satan hat begehrt, euch zu sieben wie den Weizen. Ich habe für dich gebetet, dass dein Glaube nicht aufhöre" (Lukas 22:31-32). Satan gelüstet es nach den Kindern Gottes. Er will Sie haben. Er begehrt Sie mit tierischer Lust. Er wartet auf eine günstige Gelegenheit zum Angriff. Er benutzt gern Menschen, die mit derselben Art von Lust andere begehren.

Begehren ist eine starke Antriebskraft. Die Begierde in uns kann uns dazu bringen, etwas zu tun, für das wir uns niemals für fähig gehalten hätten. Die Begierde kann einen Mann dazu bewegen, seine Redlichkeit gänzlich über Bord zu werfen. Sie bewirkt, dass Menschen nach Dingen streben, die sie niemals für erstrebenswert gehalten hätten.

Vielleicht sind Sie, wie Petrus, durch schlimme Zeiten gegangen, aber Jesus tritt für Sie ein. Wie heftig der Kampf auch ist, den Sie als Frau erleiden, in der Fürbitte unseres Hohenpriesters können Sie Zuversicht finden. Er betet für Sie. Glaube entsteht dann, wenn Sie merken, dass Sie sich nicht selbst helfen können. Allein das Vertrauen auf Christus kann Ihnen heraushelfen. Viele haben schrecklich gelitten, aber Christus gibt die Kraft, die Angriffe Satans und der menschlichen selbstsüchtigen Lust zu überwinden.

Gewähren Sie Christus Zutritt zu den dunklen Orten Ihres Lebens

Häufig hat Missbrauch noch jahrelange Nachwirkungen. Manche erleben nie Befreiung, weil sie Christus keinen Zutritt zu den dunklen Orten ihres Lebens gewähren. Jesus hat versprochen, Sie von jedem Fluch der Vergangenheit zu befreien. Wenn Sie Missbrauch erlebt haben, dürfen Sie wissen, dass Er Ihnen vollkommene Heilung schenken wird. Jesus will, dass es dem ganzen Menschen an Leib, Seele und Geist gut geht. Er will Sie von allen Auswirkungen der Vergangenheit befreien. Vielleicht liegt das Geschehen lange zurück, aber die Behinderung hält an. Lassen Sie zu, dass Er den Schaden beseitigt, der Ihnen noch anhaftet.

Das Mutterherz manipulieren

Viele Frauen sind besonders durch ihren Mutterinstinkt für bestimmte Arten von Missbrauch und Manipulation offen. Niederträchtige Männer schlagen aus dieser mütterlichen Neigung häufig Kapital und machen sich die Frauen dadurch gefügig. Wenn eine Mutter ein hilfloses Baby sieht, kann sie nicht anders, als sich automatisch liebevoll diesem kleinen Wesen zuzuwenden. Scheinbar wird eine Frau um so mütterlicher, je hilfloser sich ein Mann verhält. Frauen kümmern sich instinktiv um Schwächere, sie helfen Menschen in Not, sie wollen sie pflegen, lieben und aufrichten. Doch leider wird diese gesunde Neigung sehr oft von Männern ausgenutzt, die nur ihre eigene Lust befriedigen wollen. Deshalb brauchen Sie als Frau dringend die Gabe der Geisterunterscheidung. Es gibt viele wunderbare Männer. Aber leider muss ich Sie warnen, es gibt auch den Amnon. Er lauert Ihnen auf, und er ist gefährlich.

Zwei Arten der Vergewaltigung

In Beziehungen und Ehen ist ein alarmierender Anstieg von Gewaltanwendung zu beobachten. Vergewaltigung in Freundschaften breitet sich wie eine Epidemie aus. Mordfälle in Beziehungen haben heute die höchste Steigerungsrate zu verzeichnen. Ehemann und Ehefrau, Freund und Freundin bringen einander um. Manche Frauen haben gemordet, um der ständigen Gewaltanwendung durch Missbrauch von ihrem Ehemann zu entfliehen. Seien Sie wachsam, dass nicht Ihre Einsamkeit Sie in Amnons Bett treibt.

Die zweite Form des Missbrauchs ist nicht so offensichtlich. Manche Männer nötigen Frauen zu einer sexuellen Beziehung, indem sie vorgeben, sie zu lieben. Täuschung ist seelischer Missbrauch! Es ist ein schreckliches Gefühl, von jemandem benutzt zu werden. Wenn man am falschen Ort nach Liebe sucht, führt das zu einem Gefühl des Missbrauchs.

Da ist zum Beispiel der Mann, der seiner Geliebten verspricht, seine Ehefrau um der Geliebten willen zu verlassen. Ein Mann voller Unehrlichkeit! Die Geliebte klammert sich an diese Hoffnung, die sich jedoch nicht erfüllt. Der Mann sucht nach immer neuen Ausreden, um die Geliebte weiter ausnutzen zu können. Aufgrund ihrer Schutzlosigkeit folgt sie ihm blind, bis die Beziehung so eng ist, dass sie in der Falle sitzt.

Männer, die mit Frauen schlafen, ohne einen Bund mit ihnen zu schließen, sind in gleicher Weise des Missbrauchs schuldig wie Männer, die Frauen vergewaltigen.

Die Frau gibt dem Mann zwar ihren Körper, aber sie tut das in einer bestimmten Erwartung. Wenn ein Mann eine Frau durch falsche Hoffnungen für Sex gebraucht, ist es das Gleiche wie körperliche Vergewaltigung. Der Missbrauch ist nicht so offensichtlich, aber die Folgen sind letztlich dieselben. Beide, die Person, die jemand missbraucht, und das Opfer, geraten in ein flammendes Inferno. Schon manches Opfer war zu schrecklichen Taten fähig.

Unter extremer Minderwertigkeit leiden

Manche Frauen leiden unter Minderwertigkeitsgefühlen. Sie sind Opfer und wissen es nicht einmal. Vielleicht betrifft das auch Sie. Klagen Sie sich ständig selber dafür an? Falls Sie in der oben genannten Weise missbraucht werden, ist es nicht Ihre Schuld. Aber es ist Ihre Schuld, wenn Sie nicht zulassen, dass Gottes Wort der Sünde und der Schwachheit in Ihrem Leben Einhalt gebietet. Es ist Zeit, jede gottlose Beziehung aufzulösen. Tun Sie es jetzt!

Als Thamar damals in Amnons Kammer trat, nutzte der Bruder ihre mütterlichen Gefühle aus. Er ließ sie wissen, dass er ihre Hilfe benötigte. Er appellierte an ihr Mitgefühl. Als sie seiner Bitte nachgab, vergewaltigte er sie. Die Umstände mögen sich zwar unterscheiden, doch genau dasselbe geschieht heute.

Amnon ist in unserer Mitte

Mit der Gewalt, die Amnon an jenem Abend anwandte, schändete er nicht nur eine junge Frau. Dadurch, dass er Inzest beging, brachte er auch Schande über Gott und sein Volk. Es kommen Menschen in die Kirche, die Inzest betreiben. Das geschieht auch heute noch, aber Gott sagt: JETZT IST SCHLUSS!

Manche haben Missbrauch erlebt, sind benutzt worden und anderen zum Opfer gefallen. Andere sind nicht ganz unschuldig an ihrem eigenen Geschick. Wieder andere leben in ständiger Angst und Qual, weil in ihrer eigenen Familie Unmoral geschieht.

Der Herr will Sie heilen, wenn Sie diese Art von Schmerz kennen. Frauen, die sich besonders um die Aufmerksamkeit von Männern bemühen, haben meistens zu Hause kein positives männliches Vorbild gehabt. Vielleicht hat Ihnen schon als kleines Mädchen ein liebevoller Vater gefehlt. Deshalb schließen Sie leichter Kompromisse und tun alles, um Anerkennung und Liebe von Männern zu bekommen.

Der Herr ruft!

Der Herr ruft die Verletzten zu sich. Er will die Leere in Ihrem Leben ausfüllen. Er will der Vater für Sie sein, den Sie nie hatten. Er will Ihnen ein positives Vorbild geben und Ihr Herz wiederherstellen. Er will Sie durch Seinen Geist in die Arme schließen und stärken. Millionen von Frauen haben sich nach einer liebevollen Umarmung und einer zärtlichen Berührung ihres Vater gesehnt, ohne dass dieses Verlangen je gestillt wurde. Es ist möglich, dass diese innere Leere ausgefüllt wird. Es geschieht durch die Beziehung zu Gott.

Ein Wort an die Männer: Gott heilt uns, damit wir erkennen können, dass wir jede Frau, die nicht unsere Ehefrau ist, wie eine Schwester behandeln sollen. Frauen müssen lernen, dass sie eine platonische Beziehung zu Männern haben können. In brüderlicher und schwesterlicher Liebe ist kein Platz für Intimitäten. Es ist auch kein Platz zur Befriedigung der eigenen Lüste.

Die meisten Frauen sind fähig, eine Beziehung aufzubauen, die zugleich intim und doch platonisch ist. Normalerweise beschützt ein großer Bruder seine kleine Schwester. Der Bruder achtet darauf, dass seiner Schwester keine Steine in den Weg gelegt werden. Aber missbrauchte Frauen haben kein klares Bild mehr von Beziehungen und wissen oft nicht, wie man eine gesunde platonische Beziehung zum anderen Geschlecht aufbaut. Diese Verwirrung ist durch die Vergangenheit verursacht. Eine Frau sagte einmal, sie könne keinem Mann vertrauen, mit dem sie nicht geschlafen habe. Sie war in vielen Beziehungen Opfer von Missbrauch geworden und kannte nur noch diese Art von Beziehung.

Nicht „die Männer" sind der Feind

In der Gesellschaft wird der Wert einer Frau oft an ihrem sexuellen Reiz gemessen. Doch nichts ist weiter von der Wahrheit entfernt. Selbstachtung wird niemals durch Leistung im Bett erworben. Die Gesellschaft will uns glauben machen, dass Männer nur Sex wollen. Es stimmt zwar, dass der männliche Geschlechtstrieb sehr stark ist, aber nicht alle Männer sind wie Amnon.

Man kann nicht verallgemeinern, dass die Männer der Feind sind. Wir können nicht Amnon zur Grundlage der Beurteilung aller Männer machen. Lassen Sie nicht zu, dass eine Amnon-Erfahrung Ihr Bild von der Zukunft trübt. Ziehen Sie eine Trennungslinie und sagen Sie: „Das war damals – und das ist heute!"

Die Gemeinde ist Gottes Schutz für uns!

Im Hohenlied Salomos schildert der Schreiber, wie sich die Beziehung zwischen ihm und seiner Frau entwickelte. Zunächst war sie seine Schwester. Dann wurde sie seine Braut. Salomo erwähnt auch die Überlegungen zum Schutz der kleinen Schwester. Es gibt viele junge Gläubige in der Kirche, die wir wie kleine Schwestern behandeln sollten. Salomo sagt: „... wir sollen sie sichern mit Zedernbohlen" (Hoheslied 8:9). Die Gemeinde ist Gottes Schutz aus Zedernbohlen!

Gottes Kinder sollen sich gegenseitig stärken und schützen. Dabei ist es unwichtig, wie stürmisch unsere Vergangenheit verlaufen ist. Selbst wenn Sie Missbrauch erlebt haben, ist Gott Ihr Helfer. Räumen Sie Ihm das Vorrecht ein, so mit Ihnen umzugehen, wie Absalom es mit Thamar machte. Er nahm sie auf. Er gab ihr einen Zufluchtsort, einen Ort, an dem sie bleiben konnte.

„Wer unter dem Schirm des Höchsten sitzt und unter dem Schatten des Allmächtigen bleibt, der spricht zu dem Herrn: Meine Zuversicht und meine Burg." (Psalm 91:1-2)

Thamar lag vor Amnons Tür wie das zerrissene, zertretene Blütenblatt einer Rose. Ihre Träume waren vernichtet. Ihr Vertrauen war zerstört. Ihre Jungfräulichkeit war geraubt. Aber Absalom nahm sie in sein Haus auf. Wussten Sie, dass es bei Gott eine Intensivstation gibt? Er will Sie in Seine Arme nehmen. Überall im Land gibt es zerbrochene Menschen, und Gott gießt Seine Liebe in das Leben dieser Menschen hinein.

Deshalb glauben Sie nicht eine Sekunde lang der Lüge, es gäbe niemand, der sich um Sie kümmert. Gott kümmert sich um Sie, und die Gemeinde Jesu lernt, Gottes Liebe weiterzugeben. Zumindest sind wir in Seiner Liebesschule. Jesus sagte: „Daran wird jedermann erkennen, dass ihr meine Jünger seid, wenn ihr Liebe untereinander habt" (Johannes 13:35). Die Liebe nimmt den anderen vollkommen an.

Narben aus der Vergangenheit

Es ist unmöglich, einen anderen Menschen uneingeschränkt und aktiv zu lieben, wenn man nicht Anteil an der Geschichte des Betreffenden hat. Unsere Geschichte hat uns zu dem gemacht, was wir heute sind. Die Erlebnisse, Narben und Siege aus unserer Vergangenheit haben uns zu den Menschen geformt, die wir sind. Wir werden nur dann wissen, wer der andere ist, wenn wir verstehen, woher er kommt.

Das Geheimnis der Verwandlung von einem verletzlichen Opfer zu einem siegreichen, liebesfähigen Menschen liegt in der Fähigkeit, sich mit seiner Vergangenheit einem anderen Menschen anzuvertrauen. Dieser muss so vertrauenswürdig sein, dass er unsere Schwächen und Schmerzen mit uns teilen kann. „Einer trage des anderen Last, so werdet ihr das Gesetz Christi erfüllen" schreibt Paulus in Galater 6:2. Sie müssen das vergangene Geschehen nicht endlos oft neu durchleben. Sie können es loslassen.

Machen Sie den ersten Schritt

Es gibt keinen besseren ersten Schritt, als sich einen Seelsorger zu suchen, dem Sie Ihre Vergangenheit erzählen können. Treten Sie aus Ihrem Versteck heraus. Natürlich sollte man nicht unvorsichtig sein. Niemand erwartet von Ihnen, dass sie irgendjemand Ihre Geschichte erzählen und dann auch noch zu einer unpassenden Zeit. Bitten Sie Gott um Führung und fragen Sie vertrauenswürdige Leiter um Rat. Dann werden Sie ganz sicher jemand finden, der Ihnen helfen kann, Ihre Vergangenheit in der Rolle des Opfers und allen Schmerz und alles Leid aufzuarbeiten.

Die Gemeinde Jesu ist ein Leib. Keiner handelt unabhängig vom andern. Wir gehen den Weg gemeinsam, und deshalb können wir einander auch aufbauen. Lassen Sie uns einen Teil der Lasten mittragen, unter dem unsere Schwestern leiden.

Thamar fiel brutaler Gewalt zum Opfer, aber sie überlebte. Es gibt Hoffnung für das Opfer. Wenn Sie zum Opfer geworden sind und wenn Sie Christus haben, brauchen Sie sich nicht schwach zu fühlen. Seine Kraft ist stark genug, um in Ihnen die Veränderungen zu bewirken, durch die Sie befreit werden. Er will, dass Sie durch das Wirken des Heiligen Geistes frei werden.

KAPITEL FÜNF

In das neue Leben eintreten

Wer heute als Frau lebt und nicht lernt, geistlich zu kämpfen, ist in Schwierigkeiten. Der Feind wird versuchen, die Schwäche solcher Frauen auszunutzen.

mnon war böse. Er vergewaltigte seine Schwester Thamar auf brutale Art und Weise. Er zerstörte ihr Leben und ihre Zukunft. Er richtete ihr Selbstwertgefühl zu Grunde. Er schädigte ihre Integrität. Er zertrat ihre Weiblichkeit wie einen Zweig unter seinen Füßen. Er vergewaltigte ihren Charakter. Sie betrat seinen Raum als Jungfrau mit einer Zukunft. Doch als alles vorbei war, war sie nur noch ein blutendes, zitterndes, weinendes Häuflein voll Schmerz.

Es ist eine der traurigsten Geschichten der Bibel. Sie zeigt, was Menschen einander antun können, wenn sie ohne Gott leben. Als Amnon und Thamar allein waren, ermordete er sie. Thamars Körper überlebte den Angriff, doch ihre Weiblichkeit war zerstört. In ihren Augen würde sie nie wieder zu der Frau werden, die sie hätte sein sollen.

Haben Sie auch etwas erlebt, das Ihr Leben für immer verändert hat? Haben Sie etwas durchgemacht, das Sie wie eine Palme überlebt haben? Gibt es ein Erlebnis in Ihrem Leben, durch das alles anders geworden ist?

Vielleicht sind Sie seit jenem Geschehen „zusammengekrümmt" und „gänzlich unfähig, sich aufzurichten". Sie jubeln. Sie singen. Sie hüpfen. Aber wenn niemand Sie sieht, wenn die Menschenmenge nicht mehr da ist, wenn die Lichter gelöscht sind, dann sind Sie immer noch dasselbe zitternde, weinende, blutende Häuflein voll Schmerz, das missbraucht wurde, zusammengekrümmt und verkrüppelt.

Vielleicht gehen Sie in die Kirche, aber Sie sind voller Probleme. Sie stehen inmitten vieler Menschen, und Sie lachen, ja, Sie unterhalten die anderen sogar. Man ist gern mit Ihnen zusammen. Aber die anderen wissen es nicht. Irgendwie schaffen Sie es nicht, den anderen zu erzählen, was Sie erlebt haben.

Die Bibel berichtet von der Not, die Thamar erlebte. Das Schlimmste von allem war, dass Amnon sie nach der Vergewaltigung auch noch von sich stieß. Er hatte ihr Leben kaputt gemacht und das zerstört, worauf sie stolz gewesen war. Er hatte ihre Zukunft zunichte gemacht und ihr alle Wege verbaut. Jedes Selbstwertgefühl hatte er ausgelöscht. Nie wieder würde sie so in die Welt blicken wie vorher. Und nach alledem stieß Amnon sie auch noch von sich. Thamar konnte daraufhin nur noch sagen: „Dass du mich von dir stößt, dieses Unrecht ist größer als das andere, das du an mir getan hast." Oder: „Die Vergewaltigung war schrecklich, aber dass du mich verschmähst, ist noch schrecklicher!" (2 Samuel 13:16).

Wenn sich eine Frau verschmäht fühlt, zerstört es ihr Selbstbewusstsein und ihr Selbstwertgefühl. Einige von Ihnen haben Ehescheidung, Tragödien und Ehebruch erlebt, und in Ihnen blieb dieses Gefühl zurück, nicht gewollt zu sein. Sie können sich einfach nicht über sich freuen. Über diese Mauer können Sie nicht springen. Ihre Persönlichkeit wurde so tief verletzt, dass Sie anderen Menschen nie wieder so begegnen können wie vorher.

Als Amnon Thamar nach der Vergewaltigung von sich stieß, flehte sie ihn an: „Bitte, wirf mich nicht weg." Sie kämpfte um den letzten Rest ihrer Weiblichkeit. Doch Amnon rief einen Diener und wies ihn an:

„Wirf sie hinaus." In der Bibel heißt es, dass der Hass, den er gegen sie empfand, sogar noch stärker war als die Liebe, mit der er sich vor seinem Übergriff nach ihr verzehrt hatte (2 Samuel 13:15).

Amnon liebt Sie nicht

Gott weiß, dass der Amnon in Ihrem Leben Sie nicht wirklich liebt. Er will Sie nur missbrauchen. Amnons Diener ergriff Thamar, öffnete die Tür und warf die Frau aus dem Haus, die Amnon zum Opfer gefallen war. Als Thamar draußen vor der Tür lag, ohne zu wissen, wohin sie gehen sollte, befahl Amnon seinem Diener: „Schließ die Tür ab."

Was kann man tun, wenn man in einem Übergangsstadium lebt, weder drinnen noch draußen? Wenn man auf der Türschwelle liegt, zerrissen und zerstört, zitternd und eingeschüchtert? In der Bibel heißt es, dass Thamar weinte.

Was tut man, wenn man nicht weiß, was man tun soll? Wenn nichts mehr übrig bleibt als Jammer, Schmerz und ein Erlebnis, das wie ein Alptraum erscheint? Wenn man nirgendwo Erleichterung findet? Thamar blieb einfach liegen und weinte.

Thamar trug ein Ärmelkleid, ein buntes Gewand. Es war ein Zeichen ihrer Jungfräulichkeit und Zukunft. Sie hätte es eines Tages ihrem Ehemann gegeben. Doch nun nahm sie es, zerriss es und klagte ihr Leid. „Ich habe keine Zukunft mehr. Er hat nicht nur meinen Körper geschändet. Er hat mir auch meine Zukunft genommen. Er hat mir meinen Wert genommen."

Viele von Ihnen sind körperlich oder seelisch vergewaltigt und beraubt worden. Und Sie haben überlebt.

Aber Ihr Selbstwertgefühl ist fast völlig in Amnons Bett zurückgeblieben. Haben Sie die Landkarte verloren, die Ihnen den Weg an den Ort zurückweist, an dem Sie vorher waren?

Der Geist Gottes ruft

Der Geist Gottes ruft nach den verletzten Frauen. Der Herr sagt: „Ich will dich haben." Ganz gleich, wie viele Männer Ihnen wie Amnon gesagt haben: „Ich will dich nicht", Gott sagt zu Ihnen: „Ich will dich. Ich sehe, wie zusammengekrümmt du bist. Ich weiß, welche Folgen jenes Ereignis in deinem Leben hatte. Ich habe dich auch in der schlimmsten Stunde gesehen. Und ich will dich trotzdem." Gott hat Seine Meinung nicht geändert. Er liebt Sie mit ewiger Liebe.

Als Jesus die verkrümmte Frau in Lukas 13 sah, sprach Er sie an. An jenem Tag waren mit Sicherheit viele geachtete Frauen zugegen, aber sie hat der Herr nicht angesprochen. Er ging an allen anderen vorbei und fand jene verkrümmte Frau, die ganz hinten stand. Er rief diese verletzte und leidende Frau mit der schlimmen Vergangenheit nach vorn. Damit fasste Er in Worte, was der Geist Gottes zu allen Frauen sagt, die sich in einer ähnlichen Lage befinden, deren Selbstwertgefühl durch schreckliche Umstände zerstört wurde.

Jene schwache Frau muss gedacht haben: „Er will mich. Er will mich. Ich bin zertreten und am Ende, aber Er will mich. Ich habe viele Probleme. Ich habe schreckliche Nöte, aber Er will mich trotzdem." Vielleicht hatte sie geglaubt, dass nie wieder ein Mensch nach ihr Verlangen haben würde. Aber Jesus wollte sie haben. Er hatte einen Plan für sie.

Vielleicht wusste sie, dass es Zeit brauchen würde, ihr Leben wieder vollkommen zusammenzuflicken. Es gab viele Nöte, die überwunden werden mussten. Sie war behindert. Sie war wahrscheinlich auch sehr unsicher. Und trotzdem rief Jesus sie zu sich. Er wollte sie anrühren.

Wenden Sie sich Ihrem Zuhause zu

Wenn Sie sich mit den Gefühlen jener schwachen Frau identifizieren können, dann dürfen Sie wissen, dass Jesus auf Sie wartet und dass Er Sie haben will. Er sieht Ihre Kämpfe und kennt Ihren Schmerz. Er weiß, was Sie vor achtzehn Jahren, vor zehn Jahren oder letzte Woche erlebt haben. Er ist geduldig. Er wartet auf Sie, wie der Vater auf den verlorenen Sohn wartete. Jesus spricht zu denen, die verletzt und verkrümmt sind: „Ich warte auf dich, auch wenn es lange dauert, bis du den Weg zu mir nach Hause gehumpelt bist. Aber ich will dich unbedingt bei mir haben."

Und dann sagt Gott: „Ich werde dich befreien und heilen. Ich werde dich jetzt erneuern und frei machen. Ich werde dir sagen, wer du wirklich bist. Jetzt werde ich dir offenbaren, warum du alles durchleiden musstest, was geschehen ist, und wie du dadurch zu dem Menschen wirst, der du sein sollst."

Gott sagt: „Jetzt werde ich dir ein Geheimnis verraten, das außer uns beiden niemand kennt. Etwas, das weder Amnon noch dein Freund noch dein erster Mann wusste. Etwas, das weder dein Vater noch dein Onkel oder Bruder oder wer immer dich missbraucht hat, wusste. Komm näher, ich will es dir sagen. Du bist eine Königstochter. Dein Vater ist ein König."

Sie sind eine Prinzessin

Als die verkrümmte Frau zu Jesus trat, sprach Er ihr Freiheit zu, und zum ersten Mal seit achtzehn Jahren konnte sie aufrecht stehen. Wenn Sie zu Jesus kommen, wird Er bewirken, dass Sie in Seiner Kraft aufrecht stehen können. Sie werden wissen, wie wichtig Sie Ihm sind. Ihre Wiederherstellung besteht zum Teil darin, dass Sie lernen, im „Jetzt" Seines Lebens zu stehen und zu leben und nicht mehr im „Damals" Ihres Lebens. Die Vergangenheit ist vorbei – das Heute ist jetzt.

Ich verkündige den Missbrauchten: Jetzt, in diesem Moment, fließt Heilung in Ihren Geist. Ich spreche Ihnen das Leben zu. Ich spreche Ihnen Befreiung zu. Ich spreche Ihnen Wiederherstellung zu. Alles in dem mächtigen Namen von Jesus, in dem unbesiegbaren, allmächtigen, ewigen Namen Jesus. Ich verkündige Ihnen den Sieg. Sie werden von dem Schaden gesunden, der Ihnen durch den Mann zugefügt wurde, der Sie missbrauchte. Alles, was Ihnen geraubt wurde, werden Sie zurückerhalten. Jesus wird den zerbrochenen Zweig heilen. Er wird Ihr Selbstwertgefühl, Ihr Selbstbewusstsein und Ihre Selbstachtung wieder aufbauen.

Verraten Sie Ihm alle Ihre Geheimnisse

Sie müssen nur zulassen, dass Er Sie mit Seiner Kraft und Salbung dort berühren darf, wo die Schmerzen sind. Er wird sich um die Geheimnisse kümmern. Er berührt Sie an den Stellen, wo Sie getötet wurden. Er weiß, wie Sie als Frau gewesen wären, wie Sie hätten sein sollen, wie Sie hätten sein können. Wenn Sie zu Ihm rufen, heilt Er Sie und stellt Sie wieder her.

Der Feind wollte Ihr Geschick durch eine Reihe

von Ereignissen in eine andere Richtung lenken, aber Gott wird eine so vollkommene Wiederherstellung wirken, als hätte es jene Ereignisse nie gegeben. Die starke Frau, die in Ihnen verschlossen war, wird in aller Freiheit an die Öffentlichkeit treten. Gott befreit Sie. Gott führt Sie hinaus. Er stellt Sie wieder her. Er gibt Ihnen ein festes Rückgrat. Er führt Sie in die Freiheit. Er befreit durch die Kraft Seines Geistes. „Es soll nicht durch Heer oder Kraft, sondern durch meinen Geist geschehen, spricht der Herr Zebaoth" (Sacharja 4:6).

Gott will Ihnen Seine Salbung geben

Der lebendige Gott will Ihnen Seine Salbung geben. Er ruft Sie zu sich und will Sie befreien. Wenn Sie sich Ihm zuwenden, lassen Sie den Geist Gottes wirken, wie Er will. Seine Salbung ist gegenwärtig und wird Sie befreien. Die Dämonen zittern. Satan will, dass Sie vor der Tür stehen bleiben und nicht eintreten. Er will, dass Sie gefangen bleiben. Aber Satans Macht ist jetzt in Ihrem Leben gebrochen.

Thamar kannte das Gefühl der Verlassenheit. Sie wusste, was es bedeutet, ausgestoßen zu sein. Aber in der Bibel heißt es, dass Absalom zu ihr kam und sagte: „Komm zu mir."

Auch Sie haben auf der Türschwelle gelegen. Vielleicht wussten auch Sie nicht, wohin Sie sich wenden sollen. Vielleicht waren Sie halb drinnen und halb draußen. Sie waren zerbrochen, wahnsinnig vor Angst und völlig verwirrt. Aber Gott sandte Absalom, er sollte seine Schwester wiederherstellen.

In diesem Fall ist Absalom ein Vorbild für die richtige Haltung. Gelobt sei Gott für Seine Gemeinde. An diesen Ort kann man als zerbrochener und verachteter Menschen fliehen und dort im Namen Jesu Heilung und Befreiung erfahren.

Jesus sagte: „Der Geist des Herrn ist auf mir, weil er mich gesalbt hat, zu verkündigen das Evangelium den Armen; er hat mich gesandt, zu predigen den Gefangenen, dass sie frei sein sollen, und den Blinden, dass sie sehen sollen, und den Zerschlagenen, dass sie frei und ledig sein sollen" (Lukas 4:18).

Sie haben vielleicht geglaubt, dass Sie sich nie wieder freuen können. Doch Gott erklärt Ihnen, dass Sie jetzt in Ihm Freiheit haben! Die Freude, die von Gott kommt, kann neu in Ihrer Seele leben. Gott identifiziert sich mit Ihrem Schmerz und Ihren Leiden. Er weiß, was es bedeutet, von anderen misshandelt zu werden. Trotzdem verkündet Er Freude und Stärke. Er wird Ihnen ein Lobpreisgewand geben an Stelle eines betrübten Geistes (Jesaja 61:3).

Erheben Sie die Hände und das Haupt

Wenn Sie zu Gott gerufen haben, können Sie Ihre Hände im Lobpreis erheben. Ungeachtet dessen, was Sie durchgemacht haben, können Sie Ihren Kopf erheben. Ganz gleich, wer Sie verletzt hat, erheben Sie Ihr Haupt! Vergessen Sie, wie oft Sie verheiratet waren. Denken Sie nicht mehr an die, von denen Sie misshandelt wurden. Vielleicht waren Sie lesbisch. Vielleicht haben Sie Crack genommen und waren süchtig. Es ist nicht wichtig, wer Sie waren. Vielleicht sind Sie sogar missbraucht worden. Sie können Ihre Vergangenheit nicht ändern, aber Sie können entscheiden, wohin Sie gehen.

„Erhebt, ihr Tore, eure Häupter, und erhebt euch, ihr ewigen Pforten, dass der König der Herrlichkeit einziehe! Wer ist er, dieser König der Herrlichkeit? Der Herr der Heerscharen, er ist der König der Herrlichkeit!"
(Psalm 24:9-10)

Er wird wiederherstellen, was die Käfer und Heuschrecken gefressen haben (Joel 2:25). Er sagt: „Ich werde es dir zurückgeben." Vielleicht kämpfen Sie mit Schuld. Im Geist hören Sie Babys schreien. Sie fühlen sich schmutzig. Sie haben mehrfach abgetrieben. Sie sind missbraucht worden. Der Teufel erinnert Sie immer wieder an Ihr Versagen in der Vergangenheit. Aber Gott sagt:

„So kommt denn und lasst uns miteinander rechten, spricht der Herr. Wenn eure Sünde auch blutrot ist, soll sie doch schneeweiß werden, und wenn sie rot ist wie Scharlach, soll sie doch wie Wolle werden."
(Jesaja 1:18)

Ich fühlte schon immer große Barmherzigkeit für verletzte Menschen. Wenn jemand lieblos behandelt wurde, hatte ich immer Erbarmen und wollte einen Dienst der Barmherzigkeit haben. Vielleicht liegt es daran, weil ich selbst viel Schmerz erfahren habe. Wenn man selbst gelitten hat, kann man leichter die Schmerzen anderer Menschen nachempfinden. Deshalb hat mir der Herr einen Dienst gegeben, in dem ich verletzten Menschen helfen kann. Manchmal, wenn ich predige, muss ich selbst mit den Tränen kämpfen. Und manchmal höre ich, wie Zuhörer in ihrer Not zu schluchzen beginnen.

In das neue Leben eintreten
Sie gehören, wie Thamar, zu denen, die überlebt haben. Das sollten Sie feiern! Anstatt angesichts aller Tragödien Qualen zu leiden, sollten Sie Ihren Sieg feiern und Gott danken, dass Sie es geschafft haben. Ich gebe Ihnen den Auftrag, alle Widrigkeiten hinter sich zu lassen und in das neue Leben einzutreten. Es ist, als würde man aus einem Sturm in die Sonne treten. Machen Sie diesen Schritt jetzt!

Gott hat mich mit zwei kleinen Söhnen und zwei kleinen Töchtern beschenkt. Ich habe festgestellt, dass meine Hauptaufgabe als Vater darin besteht, meine Kinder in den Arm zu nehmen. Wenn etwas Schlimmes geschehen ist und ich mir keinen Rat weiß, nehme ich sie einfach in den Arm. Ich kann nicht ändern, dass andere Menschen lieblos zu ihnen waren. Ich kann nicht ändern, was in der Schule passiert ist. Ich kann nicht bewirken, dass der Lehrer sie mag. Und ich kann die bösen Worte nicht beseitigen. Aber ich kann sie in den Arm nehmen!

Genauso muss es sich die Gemeinde zur Aufgabe machen, die Menschen in den Arm zu nehmen – ein „Umarmungsdienst". Ich glaube, die besten Krankenschwestern sind solche, die selbst einmal Patient waren. Sie haben Erbarmen mit dem Opfer. Wer könnte das Leid einer Frau besser verstehen als eine andere Frau? In gleicher Weise sollte die Gemeinde die Nöte der Schwachen besser verstehen als irgendjemand sonst. Die Berührung des Meisters macht uns frei. Der

Berührung des Pilgers, der mit uns auf dem Weg ist, vermittelt uns das Wissen, dass wir in unserer Not nicht allein sind.

Empfangen Sie Ihre Freiheit jetzt

Der Heilige Geist ruft die zerbrochenen schwachen Frauen zu Jesus. Er wird sie wiederherstellen und befreien. Wie kommen wir zu Jesus? Indem wir zu Seinem Leib kommen, der Gemeinde. In der Gemeinde können wir Gottes Wort hören. Die Gemeinde gibt uns Kraft und Nahrung. Die Gemeinde soll der Ort sein, an dem wir von unserer Last erzählen können und uns für die Hilfe anderer öffnen. Der Geist ruft; die Beladenden müssen den Ruf nur hören.

Es gibt drei Zeitformen des Glaubens! Als Lazarus starb, sagte Martha, seine Schwester: „Herr, wärst du hier gewesen, wäre mein Bruder nicht gestorben." Das ist historischer Glaube. Seine Sicht ist depressiv. Jesus antwortete: „Dein Bruder wird auferstehen." Daraufhin erwiderte Martha: „Ich weiß wohl, dass er auferstehen wird – bei der Auferstehung am Jüngsten Tage." Das ist futuristischer Glaube. Er ist progressiv. Doch Martha wusste, dass Gott auch in der Gegenwart wirkt, und sagte: „Aber *auch jetzt* weiß ich: Was du bittest von Gott, das wird dir Gott geben" (Johannes 11:21-27).

Ich fühle mich wie Martha. Ich weiß, dass selbst jetzt, nach allem was Sie durchgemacht haben, Gott die Kraft hat, Sie neu auferstehen zu lassen! Das ist die Gegenwartsform des Glaubens. Treten Sie jetzt in dieses neue Leben ein.

KAPITEL SECHS

Ursprünge der Weiblichkeit

Gott belohnt die, die Ihn mit Ausdauer suchen. Er kommt vielleicht nicht zur gewünschten Zeit, aber Er kommt immer zur richtigen Zeit.

ast jedes Haus in Amerika ist an eine Stromversorgung angeschlossen. In jedes Zimmer sind Stromanschlüsse eingebaut, die Zugang zum Strom ermöglichen. Doch um sich die Kraft der Elektrizität zu Nutze zu machen, muss man sich an den Stromanschluss anschließen. Der Stromanschluss ist wie das Weibliche.

Die Frauen sind von der Schöpfung her in allen Bereichen des Lebens Empfänger. Der Mann ist zum Geber gemacht. Er gibt im körperlichen, sexuellen und emotionalen Bereich und sorgt für das Leben anderer Menschen.

Die Frau wurde aus dem Mann geschaffen, aus ihm geformt, und sollte seine Gehilfin sein. Sie wurde geschaffen, um dem Mann bei der Erfüllung seiner Aufgaben zu helfen. Durch ihre Verbindung finden Mann und Frau gegenseitige Erfüllung. In einem Beispiel ausgedrückt: Eine Motorsäge ist so konstruiert, dass sie eine große Arbeitsleistung erbringen kann, doch sie ist nutzlos, wenn sie nicht an den Strom angeschlossen wird. Der Stromanschluss hilft der Motorsäge, ihren Zweck zu erfüllen. Ohne den Stromanschluss bleibt die Motorsäge trotz ihrer großartigen Konstruktion weitgehend nutzlos.

Eine gewisse Verletzlichkeit

Der Stromanschluss ist jedoch bestimmten Gefahren ausgesetzt, weil er mit verschiedenen Anschlüssen verbunden werden kann. Die Frau ist als Empfänger in ihrem Wesen offen. Sie ist von Natur aus und vom Schöpfungsplan her offen. Männer sind verschlossen. Deshalb müssen die Frauen wachsam sein, was an sie angeschlossen wird und von ihnen Kraft nehmen will. Manchmal bitten falsche Anschlüsse um Hilfe, und das Ergebnis ist, dass Ihnen Ihre Kraft geraubt wird.

Weil Gott Ihre Verletzlichkeit sieht, hat Er festgelegt, dass Männer, die sich sexuell mit einer Frau verbinden, einen Bund mit ihr schließen müssen. Gott hat Mann und Frau nicht so geschaffen, dass sie mit verschiedenen Partnern Sex haben sollen. Sein Plan bestand von Anfang an darin, dass die Menschen ihre Hingabe zueinander mit einem Bund besiegeln sollten. Gottes Plan sah so aus, dass ein Mann, der mit einer Frau eine sexuelle Beziehung eingeht, sich für sein ganzes Leben an sie binden soll. Das, und nichts Geringeres, ist Gottes Standard.

Gott will Ihnen Schutz geben

Gott will Ihnen Schutz geben, wie auch Stromkabel von einem Schutz umgeben sind. Niemand soll anders mit Ihnen umgehen, als es Gottes Plan entspricht. Die verheiratete Frau ist von ihrem Mann geschützt. Die ledige Frau ist durch ihre Enthaltsamkeit geschützt. Es ist gefährlich, keinen Schutz zu haben.

> *„Und Gott sprach: Lasst uns Menschen machen, ein Bild, das uns gleich sei, die da herrschen über die Fische im Meer und über die Vögel unter dem Himmel und über das Vieh und über alle Tiere des Feldes und über alles Gewürm, das auf Erden kriecht."* *(Genesis 1:26)*

Gott setzte Adam in den Garten, den Er für ihn angelegt hatte, und gab ihm nur ein einziges Gebot: Der Mensch durfte nicht vom Baum der Erkenntnis des Guten und Bösen essen. Gott wollte, dass die Menschen in allen moralisch-ethischen Entscheidungen von Ihm abhängig sind. Aus der Geschichte wissen wir, welche Folgen es hatte, dass der Mensch nach dem Sündenfall eigene Entscheidungen traf. Es war eine einzige Katastrophe.

Gott hatte einen Ort für Adam geschaffen, an dem dieser alles in Fülle hatte; trotzdem war Adams Leben unvollkommen. Er brauchte eine Frau. Vergessen Sie niemals, dass die Frau nicht geschaffen wurde, um die *Person*, sondern um die *Lebensaufgabe* Adams zu vervollständigen. Wenn Sie als Person unvollkommen sind, wird Ihnen die Ehe nicht helfen.

„Da ließ Gott der Herr einen tiefen Schlaf fallen auf den Menschen, und er schlief ein. Und er nahm eine seiner Rippen und schloss die Stelle mit Fleisch. Und Gott der Herr baute eine Frau aus der Rippe, die er von dem Menschen nahm, und brachte sie zu ihm." (Genesis 2:21-22)

In Gemesis 3 sehen wir, wie Eva sich für die Ausnutzung durch Satan öffnete. Er nahm das Anschlusskabel des Wunsches nach Erkenntnis, Genuss und Weisheit und schloss dieses an Eva an. Der Feind machte sich Evas Schwäche zu Nutze.

„Da sprach Adam: Die Frau, die du mir zu-
gesellt hast, gab mir von dem Baum, und ich
aß." *(Genesis 3:12)*

Eva hatte ihre Aufmerksamkeit einem anderen zuge-
wandt.

„Da sprach Gott der Herr zur Frau: Warum
hast du das getan? Die Frau sprach: Die
Schlange betrog mich, so dass ich aß."
(Genesis 3:13)

Adams Zorn zeigt sich in seinen Worten in Genesis
3:12: „Die Frau, die du mir zugesellt hast!" Die Frau
dagegen antwortet: „Nun, ich konnte einfach nicht anders. Er hat sich an mich angeschlossen und mich be-
tört."
   Achten Sie darauf, wer Ihnen Ihren Schutz nimmt
Sie müssen sehr darauf achten, wem Sie gestatten, in
Ihren Schutz einzudringen. Wenn Sie nicht wachsam
sind, kann daraus, wie bei Eva, sehr schnell vollkommene Zerstörung entstehen. Beachten Sie, was Gott als
Nächstes tut:

„Da sprach Gott der Herr zu der Schlange:
Weil du das getan hast, seist du verflucht,
verstoßen aus allem Vieh und allen Tieren
auf dem Felde. Auf deinem Bauch sollst du
kriechen und Erde fressen dein Leben lang.
Und ich will Feindschaft setzen zwischen
dir und der Frau und zwischen deinem
Nachkommen und ihrem Nachkommen;

der soll dir den Kopf zertreten, und du wirst
ihn in die Ferse stechen." (Genesis 3:14-15)

Eine besondere Feindschaft

Zwischen der Weiblichkeit und dem Feind besteht eine besondere Feindschaft. Der Feind greift Sie auf ganz besondere Weise an. Deshalb müssen Sie den geistlichen Kampf lernen. Sie müssen es tun, weil Sie in bestimmten Gebieten besonderen Schutz benötigen, und weil zwischen Ihnen und Satan ein Kampf besteht. Darum seien Sie wachsam.

Sie stehen im Kampf

Wenn Frauen zu Christus kommen, sind sie oft eifrigere Beter als Männer. Wer heute als Frau lebt und nicht lernt, geistlich zu kämpfen, ist in Schwierigkeiten. Der Feind wird versuchen, die Schwäche solcher Frauen auszunutzen. Er zielt auf Sie, weil er weiß, dass Sie als „Stromanschluss" geschaffen wurden; Sie wurden dazu geschaffen, dass ein anderer Mensch durch Sie seine Vision erfüllen kann.

Wenn der Feind Sie dazu bewegen kann, die Ausführung seiner Ziele zu unterstützen, werden Sie viele Probleme erleben. Warum? Weil Gott sagte: „Ich will Feindschaft setzen zwischen dir und der Frau und zwischen deinem Nachkommen und ihrem Nachkommen ..." (Genesis 3:15).

Gott sagte nicht nur „zwischen deinem Nachkommen und ihrem Nachkommen". Er sagte: „zwischen dir und der Frau." Denken Sie einmal darüber nach. Es gibt einen besonderen Kampf, der zwischen Ihnen und dem Teufel stattfindet. Wer ist bei den Vergewaltigungen in unserem Land meistens das Opfer? Wer ist bei Kindesmissbrauch meistens das Opfer? Welches Geschlecht zieht in der Arbeitswelt meistens den Kürzeren? Und wem fällt es am schwersten, miteinander auszukommen, eines Sinnes zu sein und zusammenzuarbeiten? Satan bekämpft Sie ganz besonders.

Satan greift das weibliche Geschlecht ununterbrochen an. Der Prozentsatz der Frauen innerhalb der Bevölkerung ist in unserem Land viel höher als der der Männer. In Jesaja 4:1 werden Zeiten vorausgesagt, wo auf jeden Mann sieben Frauen kommen. Nach jüngsten Statistiken leben wir heute in dieser Zeit. Wenn das Angebot hinter der Nachfrage weit zurückbleibt, wächst die Feindschaft zwischen der Frau und dem Feind.

Üben Sie für den Kampf

Wenn gläubige Frauen nicht lernen, sich dem Gebet zu widmen und siegreich im geistlichen Kampf zu stehen, werden sie nicht erkennen, wer sie als Anschluss benutzen will. Vielleicht fühlen Sie sich bestimmten Stimmungen, Gedanken oder Veranlagungen hilflos ausgeliefert. Vielleicht ist es Ihnen ein Rätsel, warum Sie bestimmte Dinge tun. Schauen Sie genau hin, jemand hat Sie benutzt. Vielleicht versuchen Sie sich einzureden: „Ich habe einfach schlechte Laune. Ich weiß nicht, was los ist. Ich bin schlecht. Ich habe ein hartes Herz." Glauben Sie es nicht, denn in Wirklichkeit hat sich jemand an Sie angeschlossen.

„Und zur Frau sprach er: Ich will dir viel Mühsal schaffen, wenn du schwanger wirst;

unter Mühen sollst du Kinder gebären. Und
dein Verlangen soll nach deinem Mann sein,
aber er soll dein Herr sein." (Genesis 3:16)

Gott erklärte, dass das Gebären mit Schmerzen verbunden sein würde. Alles, was durch Sie ins Leben gerufen wird, ist mit Mühe verbunden. Wenn der Prozess nicht schmerzlich wäre, würde das Hervorgebrachte wahrscheinlich nicht viel wert sein.

Wenn Sie etwas *gebären* – und ich spreche nicht nur von Kindern, ich spreche von Visionen und Plänen -, wird Sie das Mühe und Schmerz kosten. Wenn Sie in irgendeiner Form Frucht bringen wollen im Beruf, in der Ehe, im Leben, wenn Sie bereit sind, zu diesem Zweck Ihren Charakter formen zu lassen, wird es Sie Mühe kosten. Es wird durch das geschehen, was Sie leiden. Und durch dieses Mühen werden Sie neue Stärke gewinnen.

Leiden ist nicht das Ziel, es ist nur das Mittel

Leiden ist nicht das Ziel; es ist lediglich das Mittel, mit Hilfe dessen das Ziel erreicht wird. Viele erliegen dem Trugschluss, die Schmerzen für das Ziel zu halten, anstatt sie als das Mittel anzusehen. Im Moment können Sie nur Schmerz fühlen. Doch jedes Leid sollte ein Kind hervorbringen. Ich meine damit, dass aus jedem Mühen, aus jedem intensiven Stöhnen Ihres Geistes etwas Sichtbares hervorgehen sollte.

Deshalb lassen Sie nicht zu, dass der Teufel Ihnen Leid gibt ohne Samen. Achten Sie darauf, dass jeder Schmerz ein Anzeichen dafür ist, dass Gott etwas durch Sie ins Leben ruft und Ihnen etwas gibt.

Die Frau gewährt dem Leben rechtmäßigen Einlass in diese Welt

Frauen sind die Hersteller. Durch Sie kommt neues Leben in die Welt. Jedes Kind, das diese Erde betritt, muss durch Sie kommen. Selbst Jesus Christus bekam erst durch eine Frau rechtmäßigen Einlass in diese Welt. Das Gesetz forderte, dass Er durch Sie, die Frau, kommen musste. Deshalb sind Sie ein Kanal für Gottes Segen; durch Sie nimmt Gottes Segen Gestalt an. Jegliche Tugend, jedes Lob, jeder Sieg und jede Befreiung muss durch Sie kommen.

Doch auch Satan versucht, durch Sie rechtmäßigen Einlass in diese Welt zu bekommen. Er will Sie gebrauchen, um in Ihre Familie zu kommen. Schon bei der ersten Familie gelang es ihm, und in der Folge zerstörte er die ganze Menschheit. Er weiß, dass Sie die Tür zu allen Dingen sind – und dass er durch Sie Zugang zum Leben hat. Deshalb achten Sie sorgfältig darauf, welches Kabel an Sie angeschlossen wird und durch Sie zum Leben kommen will. Verwehren Sie dem Samen des Feindes Einlass. Wenn Sie dann in Ihrem Geist Geburtswehen spüren, können Sie wissen, dass Sie etwas Gutes gebären werden.

Und Sie werden gewiss gebären! Deshalb müssen Sie Schmerzen erleiden. Ihr Geist gibt Ihnen das Signal, dass etwas zur Welt kommen will. Konzentrieren Sie sich nicht zu stark auf den Schmerz, sonst vergessen Sie zu pressen. Manchmal versucht man, den Schmerz zu verdrängen, anstatt das Baby herauszupressen; manchmal ist man davon so gefangen genommen, was Schmerzen verursacht, dass man sich nicht mehr um die Dinge bemüht, die Frucht hervorbringen.

Wenn sich in Ihrem Leben das Leid häuft, nehmen Sie es als ein Zeichen dafür, dass Gott Ihnen etwas geben will. Finden Sie sich nicht mit dem Schmerz ab, warten Sie weiter auf den Segen. Halten Sie durch. Schenken Sie dem Schmerz keine Aufmerksamkeit, sondern strecken Sie sich nach der Verheißung aus. Ändern Sie Ihre Perspektive. Gott hat Ihnen viel versprochen, und Er will, dass Sie es alles bekommen. Allerdings müssen Sie im Kreißsaal ausharren, bis der Prozess abgeschlossen ist, den Gott geplant hat. Doch wenn das Baby zur Welt kommt, ist aller Schmerz vergessen.

Was bedeutet der Schmerz schon im Vergleich zu dem neuen Kind? Doch manchen fehlt die Wertschätzung für das neugeborene Kind. Sie lassen sich so sehr vom Schmerz gefangen nehmen, dass sie die Belohnung missachten. Ihre Aufmerksamkeit konzentriert sich auf das Falsche. Man kann sich so sehr mit seinem Schmerz beschäftigen, dass die Freude über die Geburt einer Vision vollkommen verloren geht.

Ein trauriges Beispiel

Wenn eine Frau in die Wehen kommt, starke Schmerzen erleidet, Stunde um Stunde im Kreißsaal verbringt, das Kind gebärt, und dann aufsteht und das Krankenhaus ohne das Baby verlässt – wäre das nicht völlig unsinnig? Ohne Frage. Doch genau das geschieht in Ihrem Leben, wenn Sie sich nur mit Ihrer schrecklichen Vergangenheit beschäftigen. Vielleicht sind Sie auch davongegangen und haben Ihr Neugeborenes zurückgelassen.

Bei jedem Kampf, den Sie in Ihrem Leben durchlitten haben, hat Gott etwas in Ihrem Charakter und Geist geformt. Warum halten Sie am Schmerz fest und geben das Kind aus der Hand, anstatt das Kind festzuhalten und den Schmerz abzulegen? Ich will es noch einmal sagen: Wenn Sie Ihre ganze Aufmerksamkeit auf den Schmerz der Vergangenheit richten, konzentrieren Sie sich auf das Falsche. Der Schmerz verschwindet nicht von allein. Er muss gelindert werden. Sie selbst müssen ihn *lindern*. Lassen Sie zu, dass Gott Sie von Ihrem Schmerz befreit. Er will Sie davon abschneiden, was Ihnen Not bereitet hat, so dass Sie am Ende das Kind im Arm halten und nicht den Schmerz.

Gebären Sie!

Als Gott sagte: „... unter Mühen sollst du Kinder gebären ..." (Genesis 3:16), hatte Er alle Bereiche des Lebens im Blick. Das betrifft auch Ihren Charakter und Ihre Persönlichkeit. Es betrifft Ihren Geist genauso wie Ihre Finanzen. Deshalb sage ich zu Ihnen, meine Damen: Gebären Sie! Alles, was in diese Welt kommen soll, muss durch Sie kommen. Wenn Sie finanzielle Probleme haben: Gebären Sie! Wenn Sie körperliche Heilung brauchen: Gebären Sie! Verstehen Sie, dass alles geboren werden muss. Die Dinge ändern sich nicht einfach zufällig.

Schreien Sie, wenn nötig, aber pressen Sie!

Ein Kind kommt nur zu Welt, wenn die Gebärende der Anweisung der Hebamme folgt: „Jetzt müssen Sie pressen." Gott lässt nie zu, dass Sie in eine Situation hineingeraten, aus der es keinen Ausweg gibt. Doch wenn Sie etwas hervorbringen wollen, müssen Sie pressen, noch während Sie Schmerzen haben. Man hat mir erklärt, dass man bei der Geburt gerade dann pressen muss, wenn die Schmerzen am stärksten sind – nicht dann, wenn die Schmerzen wieder nachlassen. Sie müssen also genau dann pressen, wenn der Schmerz seinen Höhepunkt erreicht hat.

Wenn Sie trotz der Schmerzen pressen, treten die Schmerzen in den Hintergrund, denn Sie richten Ihre Aufmerksamkeit auf die Veränderung und nicht mehr auf das Problem. Deshalb pressen Sie! Sie haben keine Zeit zum Weinen. Pressen Sie! Sie haben keine Zeit, an Selbstmord zu denken. Pressen Sie! Das ist nicht der Augenblick, um aufzugeben. Pressen Sie! Gott ist dabei, durch Sie eine Verheißung in die Welt zu bringen.

Schreien Sie, wenn es nötig ist, und stöhnen Sie, wenn Sie nicht anders können, aber hören Sie nicht auf zu pressen, denn Gott hat versprochen, dass alles, was in die Welt kommt, durch Sie hindurchgehen muss.

Noch ein Wort zum Konflikt zwischen dem Schmerz der Vergangenheit und dem Verlangen im Blick auf die Zukunft. Der Konflikt wird darin deutlich, was Gott sagt:

„... unter Mühen sollst du Kinder gebären.
Und dein Verlangen soll nach deinem Mann
sein, aber er soll dein Herr sein."
(Genesis 3:16)

Anders ausgedrückt: Sie werden bei dem Gebären des Kindes so starke Schmerzen haben, dass Sie nie wieder gebären wollten, wenn nicht der Schmerz der Vergangenheit von einem neuen Verlangen verdrängt würde.

Deshalb sagt Gott: „Nach dem Schmerz wird dein Verlangen auf deinen Mann gerichtet sein." Der Schmerz wird von dem neuen Verlangen verdrängt.

Schwanger mit dem Schicksal

Die Frauen der Verheißung, die mit dem Schicksal schwanger sind, müssen im Geist gebären. Vielleicht ist der Schmerz der Vergangenheit noch stark, und es ist ein echter Schmerz. Aber Sie müssen lernen, mit etwas anderem in Berührung zu kommen als mit dem Schmerz. Ohne neues Verlangen haben Sie nicht die Kraft, aufzuerstehen. Das Verlangen entsteht neu in Ihnen. Wenn der Schmerz vorbei ist, kommt das Verlangen; denn Verlangen ist nötig, um neu zu gebären.

KAPITEL SIEBEN

Eine Pretty Wom(b)-Man

(Anmerkung: Womb-Man bezieht sich auf Wom-Man=Woman, Womb-Man heißt so viel wie Gebärerin, Hervorbringerin im Gegensatz zum Mann, oder Männin.)

Sie haben nur dann die Kraft, etwas Neues hervorzubringen, wenn das Verlangen, vorwärtszugehen, stärker wird als die Erinnerungen an den Schmerz der Vergangenheit.

ls meine Frau unsere Kinder bekam, war ich
mit dabei. Ich habe miterlebt, welche Schmer-
zen und Nöte sie durchleiden musste. Ich bin
sicher, dass es Momente gab, wo der Schmerz
so stark war, dass sie mich am liebsten getötet
hätte, wenn es möglich gewesen wäre. Aber das Verlangen, das in ihr lebte, half ihr auszuharren. Sie gab nicht
auf. Sie erlitt die Schmerzen, damit neues Leben geboren werden konnte. Als dann das Kind zur Welt kam,
war der Schmerz schnell vergessen.

Sie haben nur dann die Kraft, etwas Neues hervorzubringen, wenn das Verlangen, vorwärtszugehen, stärker wird als die Erinnerungen an den Schmerz der Vergangenheit. Wenn das Verlangen zurückkehrt und neu
in Ihnen lebt, werden Sie dadurch vom Schmerz befreit.

Gehen Sie mit Gottes Vision vorwärts

Gott will uns die Kraft geben, die Schmerzen der Vergangenheit zu überwinden und in ein neues Leben hi-
neinzugehen. Salomo schrieb: „Wenn keine Vision da
ist, geht ein Volk zugrunde ..." (Sprüche 29:18). Die
Vision ist also das Verlangen, vorwärtszugehen. Wenn
man keine Vision für die Zukunft hat, wird man immer
in den Kämpfen der Vergangenheit leben.

Gott ruft Sie *heute*, doch der Teufel will, dass Sie in
der *Vergangenheit* leben. Der Teufel hält Ihnen immer
wieder das vor, was Sie nicht tun können. Seine Methode besteht darin, an die Vergangenheit zu erinnern. Er
will Ihre Aufmerksamkeit nach rückwärts richten.

Gott will zerbrochenen Frauen ein neues Verlangen geben. Es gäbe kein Verlangen, wenn es keine Beziehung gäbe. Man kann nicht nach etwas verlangen, was es nicht gibt. Allein schon die Tatsache, dass Sie Verlangen nach etwas haben, ist ein Zeichen dafür, dass bessere Zeiten kommen werden. David sagte: „Ich wäre gefallen, wenn ich nicht geglaubt hätte, dass ich die Güte des Herrn im Land der Lebenden sehen werde" (Psalm 27:13). Sie dürfen erwarten, dass etwas Wunderbares geschehen wird.

Als ich ein Kind war, besaßen wir einen Hund mit Namen Pup. Der Name klingt niedlich, aber der Hund war sehr bösartig. Er biss jeden, der ihm zu nahe kam. Wir hatten ihn mit einer schweren Kette hinter dem Haus an einen dicken Pfosten gekettet. Die Vorstellung, dass Pup sich je von diesem Pfosten losreißen könnte, war undenkbar. Wenn er versuchte, hinter etwas herzurennen, riss ihn die Kette mit einem Ruck zurück. Aus sicherer Entfernung lachten wir oft über seine Jagdversuche.

Doch eines Tages erblickte Pup etwas, das er unbedingt haben wollte. Es befand sich außerhalb seiner Reichweite. Das Verlangen danach, was vor ihm lag, wurde stärker als das, was hinter ihm war. Pup rannte, bis die Kette straff gespannnt war. Doch diesmal wurde er nicht mit einem Ruck von der Kette zurückgerissen, sondern die Kette zerriss, und Pup konnte seine Beute jagen.

Genau das will Gott in Ihrem Leben tun. Sie werden das zerreißen, wodurch Sie bisher immer zurückgerissen wurden, und durch das Ziel werden Sie Befreiung erfahren; Gott hat etwas Großes vor Ihre Augen gestellt. Wenn Sie zurückblicken, erreichen Sie niemals das, was Gott für Sie bereit hält. Gott ist mächtig. Er hat genug Kraft, um das Joch des Feindes in Ihrem Leben zu zerstören. Er ist stark genug, um Sie herauszuführen, Sie loszubinden und zu befreien.

Pflanzen Sie Gottes Samen der Wahrheit

Alles, was Sie brauchen, ist ein Same. Sie müssen davon überzeugt sein, dass dieser Same ein Kind in Ihrem Mutterleib hervorbringen kann. Sie müssen auch bereit sein, diesen Embryo zu nähren, damit er wachsen und sichtbar werden kann. Eines Tages ist die Zeit der Verborgenheit vorbei, und das Neue wird als Gebetserhörung zur Welt kommen. Es wird geboren werden. Auch wenn andere sein Erscheinen verhindern wollen, die Geburt wird stattfinden.

Füllen Sie Ihren Geist mit der Wahrheit, nähren und stärken Sie diesen Samen, damit er wachsen kann. Sagen Sie nicht mehr zu sich selbst: „Du bist zu dick; du bist zu alt; du hast die Chance verpasst; du bist zu dumm." Nähren Sie sich nicht mehr mit diesem Müll. Davon wird das Baby nicht stark. Leider lassen viele Frauen das Kind des Glaubens, das in ihnen heranwächst, verhungern. Es ist nicht klug, negative Aussagen über den eigenen Leib zu machen. Viele Frauen tun das und öffnen damit Krankheiten Tor und Tür. Sprechen Sie Ihrem eigenen Leib Worte des Lebens zu und feiern Sie sich selbst. Sie sind nach dem Bild Gottes geschaffen.

Lesen Sie Gottes Wort
Die Bibel erinnert uns daran, wer wir sind.

> *„Ich danke dir dafür, dass ich wunderbar gemacht bin; wunderbar sind deine Werke; das erkennt meine Seele." (Psalm 139:14)*

Das sind Worte, die unsere Seele nähren. Die Wahrheit bewirkt, dass neues Leben in uns heranwächst. Nähren Sie den Embryo in Ihnen mit Bibelstellen wie den Folgenden:

> *„Wenn ich sehe die Himmel, deiner Finger Werk, den Mond und die Sterne, die du bereitet hast: Was ist der Mensch, dass du seiner gedenkst, und des Menschen Kind, dass du dich seiner annimmst?" (Psalm 8:4-5)*

> *„Und der Herr wird dich zum Kopf machen und nicht zum Schwanz, und du wirst immer aufwärts steigen und nicht heruntersinken ..." (Deuteronomium 28:13)*

> *„Ich vermag alles durch den, der mich mächtig macht." (Philipper 4:13)*

Das Wort Gottes enthält die Nahrung, die das Baby in Ihnen benötigt.

Wenn wir etwas nicht sehen, bedeutet es nicht, dass Gott es nicht tut

Der Hebräerbrief enthält wichtige Lektionen über den Glauben. Wenn wir Gott glauben, wird uns das als Gerechtigkeit angerechnet. Gerechtigkeit kann in keiner Weise mit Leistung erworben oder verdient werden. Wir erhalten sie nur durch den Glauben. Einfach nur aufgrund unseres Glaubens haben wir Ansehen bei Gott. Der Glaube wird zum Zahlungsmittel, wie das Geld in dieser Welt das Zahlungsmittel ist, mit dem wir Güter und Dienstleistungen eintauschen. Der Glaube wird zu dem Zahlungsmittel oder der Grundlage dessen, „was man hofft, ein Überführtsein von Dingen, die man nicht sieht. Denn durch ihn haben die Alten Zeugnis erlangt" (Hebräer 11:1-2).

„Durch den Glauben erkennen wir, dass die Welt durch Gottes Wort geschaffen ist, so dass alles, was man sieht, aus nichts geworden ist." (Hebräer 11:3)

Das Unsichtbare wurde sichtbar. Gott will uns Folgendes deutlich machen: Wenn wir etwas nicht sehen, bedeutet es nicht, dass Gott es nicht tut.

Der Glaube beginnt mit einem Wort

Was Gott in uns tun will, beginnt mit einem Wort, das in unseren Geist eindringt. Alles, was Gestalt annimmt, hatte vorher keine greifbare Gestalt. Es war ein Traum, ein Wort Gottes. Auch die Erfindungen des Menschen nahmen ihren Anfang mit einer Vorstellung in den

Gedanken. Wenn wir etwas nicht sehen, bedeutet es nicht, dass wir es nicht bekommen.

Bei den verschiedenen Personen, die im elften Kapitel des Hebräerbriefs beschrieben werden, lässt sich eine Weiterentwicklung sehen. Abel betete Gott durch den Glauben an. Henoch wandelte durch den Glauben mit Gott. Man kann nicht mit Gott wandeln, wenn man Gott nicht anbetet. Unsere Berufung ist zuerst, Gott anzubeten. Wenn wir lernen, Gott anzubeten, können wir lernen, mit Gott zu leben. Mühen Sie sich nicht, Menschen, die Gott nicht anbeten, zu einem Leben mit Ihm zu überreden. Wir müssen Gott so sehr lieben, dass wir Ihn anbeten; ohne das können wir niemals mit Ihm leben. Wenn Sie wie Abel anbeten können, können Sie auch wie Henoch mit Ihm wandeln.

Henoch und Noah

Henoch lebte mit Gott, und Noah wirkte durch den Glauben mit Gott. Man kann nicht mit Gott wirken, wenn man nicht mit Gott lebt. Und man kann nicht mit Gott leben, wenn man Ihn nicht anbetet. Wenn Sie wie Abel anbeten, können Sie wie Henoch leben. Wenn Sie wie Henoch leben, können Sie wie Noah wirken.

„Aber ohne Glauben ist es unmöglich, Gott zu gefallen; denn wer zu Gott kommen will, der muss glauben, dass er ist und dass er denen, die ihn suchen, ihren Lohn gibt."
(Hebräer 11:6)

Gott belohnt die, die Ihn mit Ausdauer suchen. Er kommt vielleicht nicht zur gewünschten Zeit, aber Er kommt immer zur richtigen Zeit. Wenn Sie auf den Herrn warten, wird Er Ihr Herz stärken. Er wird Sie heilen und Sie befreien. Er wird Sie befreien und von den Ketten lösen. Gottes Kraft wird die Fesseln um Ihre Handgelenke sprengen. Er wird Ihnen ein Lobpreisgewand an Stelle eines betrübten Geistes geben (Jesaja 61:3).

Abraham

Abraham war ein großer Glaubensmann. Der Verfasser des Hebräerbriefs erwähnt viele Bereiche, auf die sich der Glaube Abrahams erstreckte. Abraham wartete auf eine Stadt, deren Baumeister und Schöpfer Gott war (Hebräer 11:10). Abraham wird jedoch nicht als Glaubensheld aufgeführt, weil er Isaak gezeugt hat. Man sollte meinen, dass er dafür mehr als für alles andere gerühmt wird. Doch für die Zeugung Isaaks erfolgt keine Ehrung.

Sara

„Durch den Glauben empfing auch Sara, die unfruchtbar war, Kraft, Nachkommen hervorzubringen trotz ihres Alters; denn sie hielt den für treu, der es verheißen hatte."
(Hebräer 11:11)

Es geht darum, dass ein Kind zur Welt gebracht wird, und in diesem Zusammenhang erwähnt die Bibel nicht einen Mann, sondern eine Frau.

Sara benötigte Kraft, um Nachkommen hervorzubringen, denn sie war nicht mehr im Alter des

Gebärens. Gott gab ihr das, was sie benötigte. Sie glaubte, dass Gott ihr ein Kind geben konnte, auch wenn alles dagegen sprach. Biologisch gesehen war es unmöglich. Und der Feind wollte ganz sicher nicht, dass es geschah. Aber Gott erfüllte Sein Versprechen.

Gehen Sie mit der Vision einer Sara in die Zukunft

Warum lassen Sie zu, dass Ihre Vision getrübt wird, nur weil es an einem Mann fehlt? Viele Frauen sind mit nichtchristlichen Männern verheiratet. Doch ich sage Ihnen: *Sie* müssen Glauben haben. Es ist nicht wichtig, ob eine andere Person glaubt oder nicht. Halten Sie an der Wahrheit fest, dass Gott ein gutes Werk in Ihnen tut. Jeder von uns muss sein eigenes Leben mit Gott leben. Treten Sie einen Schritt zurück und danken Sie Gott. Glauben Sie Gott und seien Sie gewiss, dass Er in der Lage ist, Seine Verheißung zu erfüllen.

Sara verließ sich nicht auf den Glauben ihres Mannes; sie glaubte selber.

Sie sind eine Frau Gottes. Sie sind nicht dazu berufen, am Fenster zu sitzen und darauf zu warten, dass Gott Ihnen einen Mann schickt. Beschließen Sie lieber, selbst zu glauben und Ihm zu vertrauen. Wenn Sie Gott glauben, wird Er Sein Wort in Ihrem Leben zur Wirklichkeit werden lassen. Gott hat versprochen, Ihnen zu geben, was Ihr Herz begehrt, ganz gleich, wie dieses Begehren aussieht oder nach welchem Segen Sie sich sehnen (Psalm 37:4).

Gott wird es wenden

Wenn Sie meinen, Ihr Leben sei völlig außer Kontrolle geraten, wenn Sie Ihren Weg nicht mehr klar erkennen können, dann dürfen Sie glauben, dass Gott Ihr Leben wenden wird. Es gab eine Zeit in meinem Leben, in der viele Probleme über mich hereinbrachen und ich dachte, ich würde es nicht mehr schaffen. Doch Gott griff ein und befreite mich von allen Ketten, die mich gefangen hielten. Er wird dasselbe für Sie tun.

Abraham hatte viele Verheißungen von Gott für seine Nachkommen erhalten. Gott sagte Abraham, dass Er sein Geschlecht mehren würde „wie die Sterne am Himmel und wie den Sand am Ufer des Meeres" (Genesis 22:17). Abarahm hatte also zwei Verheißungen erhalten.

Erstens hatte Gott versprochen, dass Abrahams Nachkommen wie der Sand am Ufer des Meeres sein würden. Diese Verheißung bezieht sich auf das sichtbare irdische Israel als Nation. Das war das Volk des alten Bundes. Doch Gott verhieß noch mehr. Er versprach auch, dass Abrahams Nachkommen wie die Sterne am Himmel sein würden. Das bezieht sich auf das Volk des neuen Bundes, das Volk, das Gott erhöht hat, die Gemeinde. Wir sind durch Jesus Christus in die himmlische Welt versetzt. Auch wir gehören zu dem Samen Abrahams. Wir sind die Sterne am Himmel.

Gott hatte größere Pläne für die Nachkommen Abrahams. Er wollte nicht nur ein neues Volk auf der Erde gründen. Sein Plan bestand darin, ein neues geistliches Königreich zu gründen, das für immer Bestand haben wird. Der Plan begann mit einem Samen und fand seine Erfüllung in den Sternen.

Vervielfältigter Segen

Können Sie jetzt verstehen, warum Sara für sich selbst Kraft erbitten musste, bevor sie in ihrem hohen Alter den Samen empfing? Das einzige Verbindungsglied zwischen dem Samen und den Sternen war sie – die Frau. Der alte Mann gab ihr einen Samen, und sie gab ihm die Sterne des Himmels. In derselben Weise will Gott alles, was Er Ihnen gibt, in Ihrem Geist vervielfältigen. Wenn Sie es hervorbringen, wird es größer sein als am Anfang.

Der Feind will Angst in Ihrem Leben vervielfältigen. Er will Ihnen so große Furcht einjagen, dass Sie am Ende nicht mehr wissen, vor was Sie sich eigentlich fürchten. Vielleicht fürchten Sie sich in Ihrem Haus. Manche Frauen haben Angst, ihre Kinder zu bestrafen. Andere haben Angst, sich vor den Augen anderer Menschen zu erheben. Aus lauter Schüchternheit und Angst trauen sich viele nicht, ein prophetisches Wort weiterzugeben. Gott will Ihr Herz mit Glauben füllen und Sie dadurch von Angst befreien.

Sagen Sie der Vergangenheit Lebewohl

Doch um vorwärts zu gehen, müssen wir bereit ein, die Vergangenheit aufzugeben und in die Zukunft zu schreiten. Unser Vertrauen zu Gott muss so groß sein, dass wir Ihm erlauben, in unser Leben zu kommen und den Boden umzupflügen. Er muss alte Gerippe entfernen und uns eine neue Haltung schenken.

Manche Frauen sind so sehr daran gewöhnt, verletzt zu werden, dass sie sofort eine Verteidigungshaltung einnehmen, wenn sich ihnen jemand nähert. Manche zeigen Härte und Aggressivität gegen Männer, aber

Gott weiß, dass hinter ihrem ablehnenden Verhalten Angst steckt. Gott kümmert sich um die Nöte des Herzens. Er lässt Sie wissen, dass Sie sich nicht fürchten müssen. Gottes Pläne sind gut. Er ist nicht wie die Menschen, von denen Sie missbraucht und verletzt wurden. Er will Ihnen helfen, dass Sie vollkommen wiederhergestellt werden.

Zerreißen Sie die Ketten der Vergangenheit

Der Feind versucht, uns an die Ereignisse der Vergangenheit zu ketten, damit wir unser Potential nicht erreichen. Satan versucht, Sie durch Angst zu verschließen; Angst bewirkt, dass Sie nicht so viel Frucht bringen können, wie Sie gern möchten. Er will den schöpferischen Geist in Ihnen zerstören. Aber Gott lässt Sie wissen, dass Sie nichts zu fürchten haben. Sie können schöpferisch sein. Er wird Sie zu der Frau machen, die Seinen Plänen entspricht.

Vielleicht leiden Sie viele Qualen und Schmerzen. Sie sind verwirrt. Sie sind enttäuscht. Ihr Weg scheint voller Hindernisse. Aber Gott befreit Sie von Angst.

„Denn Gott hat uns nicht gegeben den Geist der Furcht, sondern der Kraft und der Liebe und der Besonnenheit."
(2 Timotheus 1:7)

Sie müssen Gott die Möglichkeit geben, in Ihrem Leben zu wirken. Dann werden Sie in den verschiedenen Abschnitten Ihres Lebens immer mehr Schönheit entdecken. Vielleicht haben Sie Angst davor, alt zu werden. Falls das auf Sie zutrifft, glauben Sie, dass Gott

Ihnen die Kraft geben wird, Ihm für jedes neue Jahr zu danken.

Wir müssen Acht geben, dass wir nicht von der Vergangenheit gefangen werden, doch gleichzeitig sollten wir lernen, zurückzublicken und Gott dafür zu danken, wie Er uns durch alle Kämpfe hindurchgetragen hat. Vielleicht sind Sie ähnlich wie ich. Ich kann im Rückblick nur ausrufen: „Wenn du mich nicht hindurch gebracht hättest, hätte ich es nie geschafft." Freuen Sie sich darüber, dass Sie durch Gottes Hilfe ein veränderter Mensch geworden sind. Freuen Sie sich, dass Gott in jeder Situation bei Ihnen war.

Gesundheit für gelähmte Knochen

Ich glaube, dass Gott gelähmten Knochen neue Gesundheit schenkt. Knochen, die gebeugt waren, Knochen, die verformt waren, Knochen, die daran Schuld waren, dass Sie sich selbst nicht leiden konnten. Das Leben des Geistes dringt in alle diese Knochen ein. Vielleicht hat Ihre Vergangenheit Minderwertigkeitsgefühle in Ihnen ausgelöst. Gott wird die Wunden in Ihrem Innern heilen und Ihnen sagen, wie wichtig Sie für Ihn sind. Durch Sie ist die Welt anders. Die Welt wäre nicht dieselbe, wenn es Sie nicht gäbe. Sie sind ein Teil von Gottes Plan.

Als der Engel zu Maria kam und ihr mitteilte, was Gott tun wollte, fragte Maria, wie das geschehen solle (Lukas 1:34). Vielleicht hat Gott auch zu Ihnen über Dinge gesprochen, die Er in Ihrem Leben tun will, doch Sie haben es angezweifelt. Ihre Lebensumstände sehen nicht danach aus, als könnten Sie etwas Großes vollbringen. Vielleicht fehlt Ihnen sogar die Kraft, den

Alltag zu bewältigen. Oder vielleicht denken Sie wie Maria nur in den Bahnen des irdischen Lebens und meinen, Sie bräuchten einen Mann, um Gottes Willen zu tun.

„Der Engel antwortete und sprach zu ihr: Der Heilige Geist wird über dich kommen, und die Kraft des Höchsten wird dich überschatten; darum wird auch das Heilige, das geboren wird, Gottes Sohn genannt werden." (Lukas 1:35)

Wenn Sie sich gefragt haben, wie Gott bestimmte Dinge in Ihrem Leben bewirken will, vergessen Sie nicht, dass Er es ist, der das Werk tut. Kein Mensch wird den Ruhm für Ihre Befreiung erhalten. „Der Heilige Geist wird über dich kommen", genau dasselbe gilt auch heute noch jeder gläubigen Frau. Der Heilige Geist wird Sie erfüllen. Er wird Ihrem Geist Leben geben. Er wird Ihrem Leben einen neuen Sinn geben. Er wird Sie erneuern. Und Er wird Sie wiederherstellen.

Gott hatte einen besonderen Plan für Maria. Sie brachte Jesus zur Welt. Auch für uns hat Er einen besonderen Plan. Aber wir haben nicht wie Maria das Vorrecht, schon einen Blick in die Zukunft tun zu können. Wir wissen nicht, was Gott Gutes für uns geplant hat. Gottes Frauen sollen Frauen sein, die gebären. Sie sollen schöpferisch sein und neues Leben hervorbringen. Das ist Gottes Plan für alle, die zerbrochen und entmutigt sind.

Glauben Sie einfach

Wenn Menschen, die nie gelitten haben, Großes voll-
brächten, würden wir vielleicht denken, sie hätten jene
Dinge aus eigener Kraft erreicht. Wenn sich ein zerbrochener Mensch in Gottes Hand begibt, dann bekommt
Gott alle Ehre für die wunderbaren Dinge, die Er vollbringt – ganz gleich, wie tief der Betreffende gefallen
war. Die Salbung Gottes wird Sie wiederherstellen und
Ihnen Kraft geben, so dass Sie Großes vollbringen können. Glauben Sie es!

Der verborgene Christus, der durch Ihre Ängste,
Probleme und sogar durch Ihren christlichen Dienst
nicht zum Vorschein kam, wird in Ihr Leben treten.
Sie werden erleben, wie der Herr Jesus in Seiner Kraft
Mächtiges in Ihrem Leben bewirken wird.

Wissen Sie, was Maria sagte, nachdem der Engel ihr
seine Botschaft ausgerichtet hatte? „Maria aber sprach:
Siehe, ich bin des Herrn Magd; mir geschehe, wie du
gesagt hast" (Lukas 1:38). Maria sagte: „Mir geschehe,
wie du gesagt hast." Mir geschehe nicht nach meinem
Ehestand. Nicht nach meinem Beruf. Nicht danach,
was ich verdient habe. Sondern: „Mir geschehe, wie du
gesagt hast."

Maria wusste genug, um Gott zu glauben und sich
Ihm unterzuordnen. Sie ging ein hohes Risiko ein. Eine
ledige Frau, die schwanger wurde, hatte in der damaligen Zeit nichts Gutes zu erwarten. Doch Maria legte ihr
Leben bereitwillig in die Hand des Herrn.

Maria besaß eine Kusine, Elisabeth, die bereits ein
Kind erwartete. Das Kind in Elisabeths Leib sollte der
Vorläufer des Messias sein. Als die beiden Frauen ein-
ander begegneten und sich ihre Erlebnisse erzählten,

hüpfte das Kind in Elisabeths Leib, und sie wurde mit dem Heiligen Geist erfüllt (Lukas 1:41).

Manches können Sie einfach nicht mehr glauben. Doch Gott wird bewirken, dass dieser Glaube neu in Ihrem Geist hüpfen wird. Gott wird Sie erneuern! Frauen arbeiten oft gegeneinander, aber Gott wird Sie zusammenbringen. Sie werden zusammenkommen wie Maria und Elisabeth, und Ihre Babys werden in Ihrem Leib hüpfen. Die Kraft des Herrn Jesus wird etwas Neues in Ihrem Leben bewirken. Lassen Sie Ihn wirken. Der Heilige Geist wird über Sie kommen und Sie wiederherstellen.

Folgen Sie Ihrem Traum

Wenn Sie einen Traum haben und glauben, Gott habe Ihnen eine Verheißung gegeben, so wenden Sie sich an Gott. Jede Frau, die weiß, dass in ihr eigentlich eine andere Frau lebt, die nur noch nicht ans Licht gekommen ist, kann ihr Herz zu Gott erheben. Gott wird den inneren Nöten abhelfen und jede Frau, die zu Ihm ruft, in Seine Pläne hineinführen. Er wird wiederherstellen, was Ihnen durch Ihr Leid und den Missbrauch geraubt wurde. Er wird dem Feind entreißen, was er in der Vergangenheit verschlungen hat.

Hört, ihr Schwestern, Er will euch zusammenbringen! Jede Maria braucht eine Elisabeth. Er muss Sie zusammenbringen. Hören Sie auf, sich zu bekämpfen. Lassen Sie die Waffen fallen. Werfen Sie die Schwerter zu Boden. Legen Sie die Schilde aus der Hand. Gott hat etwas in Ihre Schwester hineingelegt, das Sie benötigen. Wenn Sie zusammenkommen, werden mächtige Dinge geschehen.

Satan versucht uns davon abzuhalten, unser Potential zu erreichen. Er bewirkt, dass schreckliche Dinge im Leben von Menschen geschehen, durch die das Leben der Betreffenden eine völlig andere Gestalt annimmt. Die Angst des Missbrauchs kann nur durch die Kraft des Heiligen Geistes vertrieben werden. In glaubenden Frauen ist ein großes Potential vorhanden. Doch manchmal liegt dieses Potential hinter den Trümmern der Vergangenheit verborgen. Lassen Sie Gott reinen Tisch machen. Meistens schickt Er Menschen, die uns bei diesem Prozess helfen sollen, doch das neue Leben wird allein durch Seine Salbung tief in uns geboren.

KAPITEL ACHT

Gib mir Deine Salbung ... ich bin Single!

Die Bibel nennt unverheiratete Frauen Jungfrauen. Denn Gott ist der Meinung, dass Sie, wenn Sie keinem Mann angehören, uneingeschränkt Sein Eigentum sind.

anch einer versteht nicht, welche Vorteile es hat, ledig zu sein. Wenn man nicht verheiratet ist, sollte man sein Leben ganz auf Gott ausrichten. Wenn man später heiratet, kann man alles, was man in der Zeit als Single gelernt hat, in die Ehe einbringen. Der Apostel Paulus bringt dieses Thema im ersten Brief an die Gemeinde in Korinth zur Sprache.

> *„Ich möchte aber, dass ihr ohne Sorge seid.*
> *Wer ledig ist, der sorgt sich um die Sache des*
> *Herrn, wie er dem Herrn gefalle; wer aber*
> *verheiratet ist, der sorgt sich um die Dinge*
> *der Welt, wie er der Frau gefalle, und so ist*
> *er geteilten Herzens. Und die Frau, die kei-*
> *nen Mann hat, und die Jungfrau sorgen sich*
> *um die Sache des Herrn, dass sie heilig seien*
> *am Leib und auch am Geist; aber die ver-*
> *heiratete Frau sorgt sich um die Dinge der*
> *Welt, wie sie dem Mann gefalle. "*
> *(1 Korinther 7:32-34)*

Ledige Frauen vergessen oft, dass sie große Vorteile haben. Sie können zum Beispiel von fünf Uhr bis halb acht am Morgen im Bett liegen und im Geist beten, ohne dass sie von irgendjemand gestört werden. Sie können den Herrn preisen, wann und wie es ihnen gefällt. Sie können sich in ihrer Wohnung frei bewegen, sich vor dem Herrn niederwerfen und Ihn anbeten, ohne dass jemand daran Anstoß nimmt. „... Die Frau, die keinen Mann hat, sorgt sich um die Sache des Herrn ...“

Der Wunsch der unverheirateten Frauen nach einem Mann kommt den Pastoren meistens zur Genüge zu Ohren. Nur selten jedoch hört man ledige Frauen davon schwärmen, wie sie in aller Freiheit die Beziehung zu ihrem Herrn pflegen können. Sind Sie unzufrieden, weil Sie sich nach einem Menschen sehnen? Wenn das der Fall ist, hören Sie auf zu klagen und fangen Sie an, die Zeit zu nutzen. Sie brauchen sich keine Gedanken darüber zu machen, was Sie heute kochen müssen. Sie müssen sich nicht um eine Familie kümmern. Die ledigen Frauen sollten sich bewusst sein, dass sie viele Möglichkeiten haben, sich im Herrn zu stärken, und dass sie frei sind von den Belastungen, die eine Familie mit sich bringt.

Treu sein in der Zeit des Singlelebens

Wer ledig ist, sollte die Zeit nutzen, um die Batterien aufzuladen. Es ist eine Zeit des Überflusses, eine Zeit, um in Milch und Honig zu baden. Sie können in der Fülle schwelgen und den Herrn anbeten. Das ist Ihre Aufgabe und Ihr Dienst. Darum dienen Sie zunächst dem Herrn, bevor Sie Ihn um einen Mann bitten. Wenn Sie sich nicht um die Sache des Herrn sorgen, wenn Sie immer nur mit der Bitte zu Ihm kommen, dass Er Ihnen einen Seiner Prinzen schenkt, um dann für diesen zu sorgen, werden Ihre Gebete keine Erhörung finden, weil Sie Gott nicht treu sind. Wenn Sie als ledige Frau Gott treu sind, können Sie auch später einem Ehemann besser treu sein.

Wenn Sie den vollkommenen Ehemann Jesus missachten, dann haben Sie ganz bestimmt auch keine Achtung für andere Männer. Wenn Sie den ignorieren, der Sie mit Sauerstoff und Atem versorgt, der Ihnen das Knochengewebe, die Kraft und die Blutkörperchen, ja, das Leben selbst gegeben hat, dann werden Sie ganz bestimmt auch keine Achtung vor einem irdischen Ehemann haben. Der Herr will Sie mit Liebe und Zärtlichkeit überschütten. Das ist nicht menschliches Denken, sondern die Wahrheit. Er will Sie in Seine Arme schließen. Er möchte, dass Sie am Abend zu Ihm kommen und sagen: „O Herr, heute habe ich es beinah nicht geschafft. Ich habe so viel durchgemacht, ich bin so froh, dass du in meinem Leben bist. Sie hätten mich fast verschlungen, aber ich danke dir, dass ich mit dir zusammen sein darf. Ich konnte es kaum abwarten, endlich mit dir allein zu sein und dich anzubeten, dich zu loben und zu ehren. Du bist es, der mir Kraft gibt, weiterzugehen. Du bist es, der mich liebt, so wie ich bin, egal, was ich denke und fühle. Nimm mich in deine Arme. Berühre mich. Stärke mich. Ich will dich umarmen. Ich will dir Freude machen. Heute Abend will ich nur mit dir zusammen sein. Du bist mir wichtiger als meine Arbeit. Ich nehme mir Zeit für dich. Wenn ich mir nicht für dich Zeit nehme, dann werde ich mir bestimmt auch nicht für einen Ehemann Zeit nehmen. Ich gehöre dir. Niemand darf mich anrühren als nur du allein. Ich bin heilig an Leib und Geist. Ich bin dir treu, ich begehe keinen Ehebruch."

Bitten Sie nicht um Saul

Die Bibel nennt unverheiratete Frauen Jungfrauen, denn Gott ist der Meinung, dass Sie, wenn Sie keinem Mann angehören, uneingeschränkt Sein Eigentum sind. Gott betrachtet Sie als Sein Eigentum. Es brach Gott das Herz, als das Volk Israel zu Ihm kam und Ihn bat: „... So setze nun einen König über uns, der uns richte, wie ihn alle Heiden haben" (1 Samuel 8:5). Gott hatte gedacht, Er sei Israels König. Als das Volk lieber einen Menschen zum König haben wollte, gab Er ihnen Saul, aber von da an ging es mit Israel bergab.

Nehmen Sie sich Zeit, Gott anzubeten

Es ist absolut nichts Falsches daran, sich einen Ehemann zu wünschen. Ich will einfach nur deutlich machen, dass Sie sich um den Herrn kümmern sollen, solange Sie warten. Dienen Sie Ihm. Er will Sie heilen und befreien, während Sie ihn anbeten. Niemand in der Gemeinde sollte größere Hingabe an den Herrn haben als die ledigen Frauen.

Nicht die Ledigen sollten neidisch auf die verheirateten Frauen sein, sondern die Verheirateten sollten eifersüchtig auf die Ledigen sein. Sie sollten eine Frau sein, deren Schatten auf Menschen fällt, dass sie geheilt werden. Warum? Weil Sie äußerlich und innerlich in der Haltung des Gebets leben. Der Herr ist Ihnen zur Speise geworden, ohne die Sie nicht mehr leben können. Verheiratete Frauen sind manchmal von ihren Männern abhängig, ledige Frauen hingegen können lernen, vom Herrn abhängig zu sein. Gott hat keine Begrenzungen. Jeder Ehemann ist in bestimmten Bereichen begabt, aber Gott kann alles. Welch ein Vorrecht, mit Ihm sozusagen verheiratet zu sein! Die Worte, die Er zu Joel sprach: „... Auch will ich zur selben Zeit über ... [die] Mägde meinen Geist ausgießen" (Joel 2:29), machen deutlich, dass Gott eine besondere Salbung für die Frauen bereit hält, die frei sind, Ihn zu suchen. Das Gebetsleben dieser Frauen wird voller Wunder und Überraschungen sein!

Gott ist Ihr Gegenüber

Das bedeutet nicht, dass es verkehrt ist, sich nach der Gemeinschaft mit einem Menschen zu sehnen. Gott hat diesen Wunsch in uns hineingelegt. Doch während Sie warten, sollten Sie verstehen, dass Gott sich zu Ihrem „Ehemann" erklärt. Darum achten Sie darauf, wie Sie Ihn behandeln. In Seinen Augen ist Er Ihr Mann. Deshalb überschüttet Er Sie auch mit besonderer Gunst. Gott ist es, der Sie zu einer schönen Frau gemacht hat. Er sorgt für Sie, selbst wenn Sie Seine Fürsorge nicht bemerken. Er ist die Quelle alles Guten. Er ist es, der alles erhält, und Er sorgt täglich für Sie. Er ist es, der Ihnen die Türen geöffnet hat. Er ist Ihr Gegenüber, Ihr Freund und Ihr Gefährte.

Wer verheiratet ist, will seinem Ehepartner gefallen. Wer unverheiratet ist, hat viel größere Freiheit, den Herrn zu suchen und Ihm zu gefallen. Zwischen Gott und dem ledigen Gläubigen besteht eine besondere Beziehung der Kraft. Paulus schreibt: „Jeder bleibe in der Berufung, in der er berufen wurde" (1 Korinther 7:20). Mit anderen Worten, wer ledig ist, der bleibe ruhig in seinem Stand und strebe nicht ständig nach Änderung. Anstatt uns mit ganzer Kraft um eine Änderung unserer Lage zu bemühen, sollten wir lernen, alle Vorteile des Standes, in den Gott uns gestellt hat, auszunutzen. Das wollte Paulus wohl sagen, als er schrieb: „... denn ich habe gelernt, mir genügen zu lassen, wie es mir auch geht" (Philipper 4:11). Ich spreche Ihnen heute Frieden darüber zu.

Heiligen Sie sich

Vielleicht haben Sie nicht so gelebt, wie Sie eigentlich hätten leben sollen. Vielleicht war Ihr Haus nicht das Haus des Gebets, das es hätte sein können. Folgen Sie jetzt dem Impuls, den Sie aus diesen Worten empfangen. Heiligen Sie Ihr Haus und Ihren Körper. Vielleicht ist Ihr Körper von allen möglichen Menschen berührt und gebraucht worden. Das spielt keine Rolle. Heiligen Sie jetzt Ihren Körper dem Herrn, geben Sie Gott Ihren Leib als ein lebendiges Opfer hin (Römer 12:1). Wenn Sie Ihr Gelöbnis dem Herrn nicht halten können, dann können Sie auch niemals einem Mann ein Versprechen halten. Deshalb geben Sie Gott Ihren Körper hin und heiligen Sie sich.

Wenn Gott nach einer Frau für einen Seiner Königssöhne Ausschau hält, sucht Er nach einer Frau, die Ihm treu und heilig war. Es könnte geschehen, dass Er an denen vorübergeht, die Ihm den Bund nicht gehalten haben. Wenn Sie einen König heiraten sollen, heißt das, dass Er Sie zur Königin machen will. Deshalb fangen Sie an, sich zu heiligen! Geben Sie Gott Ihren Körper. Geben Sie Gott Ihr Wesen in die Hand. Geben Sie Gott Ihre Leidenschaft und lassen Sie zu, dass Gott Ihre Not stillt.

Lassen Sie sich von Gott stärken, bis Sie dem Teufel aus voller Überzeugung sagen können: „Mein Körper gehört Gott. Ich gehöre Gott. Ich gehöre dem Herrn von Kopf bis Fuß, alles, was ich bin, gehört Gott. Früh am Morgen will ich Sein Angesicht suchen. Des Nachts liege ich im Bett und rufe Seinen Namen an. Ich will Ihn anrühren und Ihn mit meiner Liebe umfangen. Er ist der Gott meines Heils."

Der Dienst der Ehe

Die Ehe ist ein Dienst. Wenn Sie ledig sind, dann dienen Sie dem Herrn direkt. Den Verheirateten wird in der Bibel gesagt, dass sie durch die Beziehung zu ihrem Ehegatten die Hingabe an Gott lernen sollen.

„Ihr Männer, liebt eure Frauen, wie auch Christus die Gemeinde geliebt hat und hat sich selbst für sie dahingegeben, um sie zu heiligen. Er hat sie gereinigt durch das Wasserbad im Wort." (Epheser 5:25-26)

An keiner anderen Stelle in der Gesellschaft kann wahre Liebe auf so wunderbare Weise Ausdruck finden wie in der Ehe. Die Ehepartner sollen sich einander in Selbstaufopferung hingeben. Wie Jesus sich selbst der Gemeinde hingegeben hat, so sollen sich Mann und Frau einander als selbstlose Liebesgabe schenken. Die Ehe ist kein Ort zur Stillung der eigenen Bedürfnisse. Sie ist der Ort, an dem wir danach trachten, die Bedürfnisse des anderen zu stillen.

Die Heiligkeit der Ehe gründet sich auf die Beziehung zwischen Christus und der Gemeinde. Jesus tritt vor dem Vater für die Gemeinde ein, nachdem Er sich selbst bereits ganz für uns hingegeben hat. Er ist der größte Fürsprecher der Gläubigen. Er steht vor Gott, verteidigt uns und erklärt, wie kostbar wir sind.

Sie sind der größte Fürsprecher Ihres Mannes

Entsprechend sollen Mann und Frau so miteinander verbunden sein, dass sie zum größten Fürsprecher des anderen werden. Sie fordern nicht ihr eigenes Recht, sondern suchen immer danach, dem anderen Gutes zu tun.

Es gibt keinen Zweifel daran, dass Gott für jeden von uns seinen besonderen Plan hat. Die ledige Frau muss ihre Stellung erkennen und danach streben, Gott in jeder Weise zu gefallen. Single bedeutet „ganz". Deshalb genießen Sie es, Single zu sein, ein ganzer Mensch. Eine unverheiratete Frau mit Namen Maria erlebte die stärkste Heimsuchung des Heiligen Geistes in der gesamten Menschheitsgeschichte. Bevor Josef mit ihr vereint war, kam der Heilige Geist über sie. Gott will über Sie dieselbe Salbung ausgießen, aus der Leben hervorgeht. Deshalb hören Sie auf zu murren und zu klagen. Seine Gegenwart erfüllt den Raum! Beten Sie Ihn an! Er wartet auf Sie.

KAPITEL NEUN

Ein Tisch für zwei

*Eine wirklich gute Beziehung ist
wie ein pikant gewürztes Essen,
das auf einem wackeligen Tisch
serviert wird.
Die Zutaten: Träume, Schmerzen und
zärtliche Momente.
Diese Momente sind es, die während
des Tages manchmal ein heimliches
Lächeln auf Ihr Gesicht zaubern.*

„Da ließ Gott der Herr einen tiefen Schlaf fallen auf den Menschen, und er schlief ein. Und er nahm eine seiner Rippen und schloss die Stelle mit Fleisch. Und Gott der Herr baute eine Frau aus der Rippe, die er von dem Menschen nahm, und brachte sie zu ihm." (Genesis 2:21-22)

ie erste Frau, die in der Bibel erwähnt wird, wurde als erwachsener Mensch geschaffen, ohne Kindheit, ohne ein Vorbild für die Rolle als Ehefrau und die Beziehung zu ihrem Mann. Während Adam schlief, wurde sie als Frau geschaffen. Die Worte „der Herr ... brachte sie zu ihm", sind der erste Hinweis auf die Eheschließung. Ich glaube, vieles wäre einfacher, wenn wir Gott immer noch gestatten würden, genau den Menschen zu uns zu führen, den Er für uns ausgewählt hat.

Die einzige Stelle in der Bibel, in der von „Evolution" die Rede ist, findet sich hier: Die Frau ging aus dem Mann hervor. Sie ist Gottes Geschenk an den Mann. Gott wollte gepriesen werden, darum schuf Er den Menschen nach Seinem Bild, Ihm ähnlich. Als Gott sah, dass es für den Menschen nicht gut war, allein zu sein, gab Er ihm jemand, der ihm entsprach. Adam beschrieb die Frau als „Bein von meinem Bein und Fleisch von meinem Fleisch ..." (Genesis 1:23). Er fühlte sich zu ihr hingezogen, weil sie ihm ähnlich war. Er nannte sie „Womb-Man" oder Woman, Frau.

Wie die Kirche Christi war Eva sein Leib und seine Braut.

> *„Denn niemand hat je sein eigenes Fleisch gehasst; sondern er nährt und pflegt es, wie auch Christus die Gemeinde. Denn wir sind Glieder seines Leibes. ‚Darum wird ein Mann Vater und Mutter verlassen und an seiner Frau hängen, und die zwei werden ein Fleisch sein. Dies Geheimnis ist groß; ich deute es aber auf Christus und die Gemeinde.“ (Epheser 5:29-32)*

Äußere Merkmale

Mann und Frau waren beide aus demselben Material geschaffen. Adam sagte: „Sie ist Bein von meinem Bein." Er äußerte sich nicht über Evas Körpergröße, ihre Gestalt oder Haarfarbe. Diese äußeren Merkmale sind wie eine attraktive Verpackung, in die ein Produkt hineingelegt wird. Die Verpackung verlockt den Verbraucher vielleicht dazu, den Inhalt zu probieren. Doch nur, wenn das Produkt überzeugt, wird er wieder danach greifen. Die äußere Erscheinung interessiert ihn am wenigsten. Äußerer Reiz ist ohne Zweifel von Vorteil, aber Sie dürfen sicher sein, dass niemand eine Ehe aufrechterhält, nur weil der andere attraktiv aussieht.

Fleisch ist nur Fleisch

Manche sind der Meinung, dass es auf der ganzen Welt nur einen einzigen richtigen Ehepartner für sie gibt – ich teile diese Meinung nicht ganz. Dieser Gedanke würde mir außerdem Angst einjagen. Wie sollte ich unter den Milliarden von Menschen auf der Erde den einen richtigen Partner finden? Doch eins weiß ich ganz sicher: Es gibt eine ganz besondere Art von Bindung zu dem Menschen, den man gefunden hat und der zu einem passt; diese Bindung macht die Ehe reich und hat nichts mit Sex zu tun. Ich kann verstehen, warum viele glauben, dieser eine Mensch sei der Einzige auf der Welt, der zu einem passt. Wenn wir ehrlich sind, müssen wir zugeben, dass nicht jeder Mensch, den wir kennen lernen, Bein von unserem Bein ist! Es ist äußert wichtig, dass wir uns von niemand dahin manipulieren lassen, einen Menschen zum Ehepartner zu wählen, zu dem wir uns nicht wirklich hingezogen fühlen. Als Hesekiel die Vision von den verdorrten Knochen hatte, sagte er: „Die Gebeine rückten zusammen, Gebein zu Gebein" (Hesekiel 37:7). Jeder sollte beten und prüfen, ob der andere wirklich so ist, dass man sich für sein ganzes Leben an ihn binden möchte.

Das Wort *anhangen*, das in Genesis 2:24 benutzt wird und das Paulus in Epheser 5:29-32 zitiert, lautet im Hebräischen *debaq*. Es bedeutet „treffen auf, anhangen, anhaften; jemand fangen, indem man ihn verfolgt oder dicht hinter ihm hergeht" (siehe Strong's Exhaustive Concordance of the Bible). Fast jeder von uns sehnt sich nach diesem Anhangen, nach dem Gefühl der Zugehörigkeit. Doch leider ist unsere Gesellschaft so freizügig geworden, dass viele meinen, sie könnten das Anhängen zweier durstiger Seelen in gegenseitiger liebevoller Hingabe durch kurze Abenteuer am Wochenende ersetzen.

Vorher und Nachher

Wenn Sie noch nicht verheiratet sind, und Gott um einen Lebensgefährten bitten, so bewegen Sie die ausgeführten Gedanken in Ihrem Herzen. Schreiben Sie sich die Namen von zehn Ehepaaren auf, die zwölf Jahre oder länger verheiratet sind. Bitten Sie diese Paare, sich ihr Hochzeitsalbum anschauen zu dürfen und überlegen Sie, inwiefern sich die Paare seit der Hochzeit verändert haben. Sie werden zu der Erkenntnis kommen, dass die Ehen bestimmt nicht so lange gehalten hätten, wenn zu diesen ersten Eindrücken nichts hinzugekommen wäre. Mann und Frau müssen beide dazu beitragen, dass eine Ehe hält. Dafür ist sehr viel mehr nötig als nur das Äußere.

Ein heiliges Band

Ehe ist etwas so Persönliches, dass niemand von außen wirklich verstehen kann, was einen Mann und eine Frau miteinander verbindet. Wenn Sie verheiratet sind, dann halten Sie sich vor Augen, dass Ihr Ehegatte nicht immer Hochleistung erbringen muss. Er muss auch nicht die Zustimmung Ihrer gesamten Familie und Freunde gewinnen. Erwarten Sie nicht, dass jeder in Ihrem Ehegatten das sieht, was Sie in ihm sehen und was Sie mit ihm verbindet. Nur Sie wissen letztlich, warum Sie ihm anhängen.

Haben Sie das Versprechen gegeben, zusammenzubleiben? Das Geheimnis des Anhängens liegt im Verlassen. „Darum wird ein Mann Vater und Mutter verlassen ..." (Markus 10:7). Wenn Sie eine Ehe schließen und sich nicht von alten Beziehungen lösen, seien sie mentaler, emotionaler oder physischer Art, dann wird Ihre

Ehe nicht funktionieren. Dann wird das Band Ihrer Ehe keinen Bestand haben, wenn Nöte und Schwierigkeiten an ihm reißen. Sie müssen andere Beziehungen verlassen und Ihrem Ehegatten anhängen. Es ist äußerst ungesund, sich an einen anderen Menschen zu hängen als an den Ehepartner und von einem anderen Stärkung zu erwarten.

Verlassen and anhängen

Jeder von uns braucht gute Freunde. Aber kein Freund sollte uns wichtiger sein als der eigene Ehepartner (Gott natürlich ausgenommen). Auch einige von Ihnen, meine Leserinnen, können Ihre Ehe noch gerade jetzt retten, wenn Sie Ihrem Ehepartner anhangen würden!

Es ist nicht immer eine Sache der Gefühle. Der Gerechte wird durch den Glauben leben. Wir zitieren diesen Vers in vielen Situationen, warum nicht auch im Zusammenhang der Ehe? In Römer 1:17 heißt es: „Denn darin wird offenbart die Gerechtigkeit, die vor Gott gilt, welche kommt aus Glauben in Glauben; wie geschrieben steht: Der Gerechte wird aus Glauben leben." Glauben Sie Gott im Blick auf Ihre Ehe! Die Beziehung wird nicht durch Ihre Gefühle geheilt, sondern durch Ihren Glauben. Wussten Sie schon, dass Sie Ihren Gefühlen nicht vertrauen können?

Im Glauben anhängen

Oft sitzen Menschen in der Seelsorge vor mir und bekennen unter Tränen: „Ich kann ihm einfach nicht vertrauen." Ich habe eine gute Nachricht für Sie. Sie können sich selbst auch nicht vertrauen! Ihre Gefühle schwanken hin und her. Aber Ihr Glaube kann fest

171

werden. Anhängen bedeutet auch, dass man nicht mehr fortgehen will. Eine Ehe ist wie ein Flussufer, jeden Tag wird es ein wenig mehr ausgewaschen.

Verhalten Sie sich, wie es Ihrer Persönlichkeit entspricht

Wenn eine Frau in der Ehe innerlich erfüllt ist, kann das ihr Mann an der Art ihres Verhaltens merken. Wenn die Ehe jedoch voller Enttäuschungen ist, benötigt die Frau viel Glauben, um ihrem Mann dieselbe Achtung entgegenzubringen, die sie hätte, wenn die Beziehung reich und erfüllt wäre. Weil Sie äußerlich gern stark erscheinen möchten, verhalten Sie sich häufig anders, als es eigentlich Ihren Wünschen entspricht. Ich will damit nur sagen: Gestatten Sie nicht, dass ein anderer Mensch Sie dazu veranlasst, sich anders zu verhalten, als Sie es eigentlich möchten.

Mir ist bewusst, dass viele von Ihnen in einer sehr schwierigen Beziehung leben; ich kann für Situationen, die ich nicht kenne, keinen seelsorgerlichen Rat geben. Wenn Sie eine konkrete Not haben, rate ich Ihnen, einen Pastor und Seelsorger aufzusuchen. Trotzdem möchte ich Sie warnen: Wenn Sie Ihre zärtlichen Gefühle unterdrücken, nur um stark zu erscheinen, schützt Sie das nicht davor, verletzt zu werden! Wenn Sie Ihr wahres Ich unterdrücken, geraten Sie in Depressionen! Es ist schrecklich, Ihr Ich gefangen zu halten, nur um „Feuer mit Feuer zu bekämpfen". Feuer bekämpft man am besten mit Wasser! Eine Frau gewinnt nicht durch ihre Wort, sondern durch ihr Wesen.

„Desgleichen sollt ihr Frauen euch euren Männern unterordnen, damit auch die, die nicht an das Wort glauben, durch das Leben ihrer Frauen ohne Worte gewonnen werden, wenn sie sehen, wie ihr in Reinheit und Gottesfurcht lebt." (1 Petrus 3:1-2)

„Denn so haben sich vorzeiten auch die heiligen Frauen geschmückt, die ihre Hoffnung auf Gott setzten und sich ihren Männern unterordneten, wie Sara Abraham gehorsam war und ihn Herr nannte; deren Töchter seid ihr geworden, wenn ihr recht tut und euch durch nichts beirren lasst."
(1 Petrus 3:5-6)

Von Petrus lernen

Als ich vor einiger Zeit bei einem Seminar sprach, meldete sich eine Frau folgendermaßen zu Wort: „Ich bin Witwe. Ich habe meinen Mann verloren. Er hat sich vor seinem Tod nicht bekehrt." Dann fuhr sie fort: „Ich habe mich im Gebet immer auf 1 Petrus 3:1 berufen, aber mein Mann war nicht gerettet, als er starb."

Es war offensichtlich, dass dieser Gedanke sie quälte, deshalb antwortete ich ihr: „Diese Bibelstelle bedeutet nicht, dass die Ehefrau die Verantwortung hat, ihren Mann zu retten. Petrus will nur deutlich machen, dass eine Frau durch ihr Verhalten und ihre Ruhe eine Atmosphäre schafft, in der der Mann gewonnen werden kann."

Der Abschnitt im Petrusbrief wurde nicht geschrieben, um Frauen zu missbrauchen, vielmehr will Petrus

Frauen zeigen, wie das beste Verhalten in der Ehe aussieht. Der Glaube ist nicht laut und fleischlich. Er ist still und geistlich. Ich kann beteuern, dass ein solches Verhalten gute Früchte hervorbringt. Niemand kann irgendetwas dazu beitragen, dass sich ein anderer bekehrt. Niemand kann den anderen zwingen, nach Hause zurückzukehren. Wir können niemand zwingen, uns zu lieben. Aber wir können eine Atmosphäre schaffen, in der unsere Lebensführung nicht unser Gebet untergräbt! Das will Petrus sagen.

Lernen, zu handeln und zu sprechen

Frauen äußern sich eher verbal, Männer eher mit ihrem Körper. Die meisten Frauen wollen gern alles ausdiskutieren. Kommunikation ist entscheidend für eine gesunde Beziehung, Männer wollen nur nicht immer mit Worten sprechen.

Die Kommunikation der Männer läuft oft über körperliche Zeichen, selbst bei Freundschaften unter Männern. Ein Schlag auf die Schulter oder ein kräftiges Händeschütteln mit beiden Händen bedeutet: „Ich mag dich." Manche denken, Männer würden nur durch Sex ihre Liebe zum Ausdruck bringen. Doch das trifft nicht zu. Wenn ein Trainer einem seiner Spieler auf den Allerwertesten schlägt, hat das nichts mit Sex zu tun. Er sagt damit: „Gut gemacht." Wir müssen die Kommunikationsmethoden des anderen verstehen lernen.

Anstatt immer mit dem Gefühl zu leben, Ihr Mann würde Sie missachten, fragen Sie ihn doch lieber, warum er sich so verhält, wie er es tut. Oder noch besser, beobachten Sie seine Kommunikationsmethode und bringen Sie ihm Ihre eigene bei.

Bringen Sie dem anderen Ihre Sprache bei

Mühen Sie sich darum, einander zu verstehen! Missverstanden zu werden ist etwas Schreckliches. Ich bin ein Mensch, der gern gibt. Wenn die Gefühle der Zuneigung zu meiner Frau sehr stark sind, möchte ich ihr immer am liebsten ein Geschenk kaufen. Ich war völlig sprachlos, als ich herausfand, dass sich meine Frau zwar über meine Geschenke freut, aber dass ihr nichts in der Welt kostbarer ist als eine schöne Karte! Mir erscheint das unsinnig. Sie hebt alle Karten auf, manche sind schon ganz vergilbt. Ich freue mich auch über Karten und lese die lieben Grüße darauf, aber ich hebe sie nur selten auf. Die ersten Jahre unserer Ehe haben wir gebraucht, die Sprache des anderen zu lernen.

Babylonisches Sprachgewirr

Ihr Mann ist fest davon überzeugt, Ihnen entgegengekommen zu sein, trotzdem hören Sie nicht auf, sich zu beklagen. Jetzt wird er denken: „Was will sie denn noch? Ich habe ihr gesagt, dass ich sie liebe. Ich habe dies und jenes getan. Was denn noch?" Vielleicht leben Sie im Turm von Babel. Dort trennten sich die Familien, weil sie die Sprache des anderen nicht mehr verstanden. Deshalb rate ich Ihnen, bevor die Enttäuschungen so groß sind, dass Ihr Zuhause ein Turm zu Babel wird, sich zusammenzusetzen und die Sprache des anderen zu lernen. In Babel stand die Arbeit still und Streit brach los. Wenn Sie miteinander streiten, dann deshalb, weil Sie voneinander enttäuscht sind. Menschen, denen der andere gleichgültig ist, streiten nicht. Niemand bricht einen Streit vom Zaun über etwas, das er am liebsten verlassen würde!

175

Aber drängen Sie Ihren Mann nicht in die Ecke, wenn Sie ihn auf dieses Thema ansprechen. Warten Sie einen günstigen Moment ab, in dem er sich nicht wie bei einem Verhör fühlt. Sie wären überrascht, wenn Sie wüssten, dass viele Männer einer offenen Konfrontation am liebsten aus dem Weg gehen. Ich habe schon erlebt, dass große bullige Machotypen völlig verschüchtert vor ihren kleinen zierlichen Frauen standen und ihnen von einem Vorhaben erzählten, in der Annahme, dass ihre Frau dieses Vorhaben missbilligen würde. Selbst Männer, die ihre Frauen körperlich missbrauchen, haben ab und zu Angst vor einer Konfrontation mit ihrer Frau. Salomo schrieb: „Besser im Winkel auf dem Dach sitzen als mit einer zänkischen Frau zusammen in einem Haus" (Sprüche 25:24). Bedenken Sie, dass es möglich ist, die Diskussion zu gewinnen, doch Ihren Mann dabei zu verlieren – außer Sie wollen ihn sowieso vertreiben.

Im Pfingsten leben

Männer teilen sich anders mit als Frauen. Damit will ich nicht sagen, dass Männer nicht die Kommunikationsmethode ihrer Frau lernen können. Ich will nur deutlich machen, dass Ehepartner versuchen sollen, die Sprache des anderen zu achten. Ich habe kurz erwähnt, welche Rolle der Glaube in der Ehe spielt. Der Glaube „ruft das, was nicht ist, dass es sei" (Römer 4:17). Verhalten Sie sich schon jetzt gegen Ihren Mann so, wie Sie es tun werden, wenn er sich verändert hat. Handeln Sie im Glauben. Dann wird Gott Ihren babylonischen Turm in ein Pfingsten verwandeln! An Pfingsten hörte jeder die Botschaft in seiner eigenen Sprache (Apostelgeschichte 2:6). Ich bete darum, dass Gott Ihnen die Sprache Ihres Ehepartners übersetzt und dass Ihre Liebe viel Frucht bringt.

Nackt ohne Scham

„Und der Herr rief Adam und sprach zu ihm: Wo bist du? Und er sprach: Ich hörte dich im Garten und fürchtete mich; denn ich bin nackt, darum versteckte ich mich."
(Genesis 3:9-10)

Entblättern Sie sich – entblättern Sie sich ganz! Nein, nicht Ihre Kleidung. Die Feigenblätter müssen runter. Eine Ehe ist dann sehr gut, wenn beide Seiten ohne Scham nackt sein können. Es ist wichtig, dass Ihr Mann sich entblättern kann, dass er sich ganz entblättern kann. Ein Mann, der sich in seinem eigenen Zuhause verstecken muss, findet keine Ruhe. Deshalb fragte der Herr Adam: „Wo bist du?" Wenn Männer Wiederherstellung erleben und ihren rechtmäßigen Platz Zuhause einnehmen, ist das Chaos in der Familie zu Ende. Bei Adam können wir die typische Neigung vieler Männer erkennen, einer offenen Konfrontation aus dem Weg zu gehen. Achten Sie auf Adams Bekenntnis: (a) Ich hörte die Stimme. (b) Ich hatte Angst. (c) Ich war nackt. (d) Ich versteckte mich. Wenn Sie Ihren Mann zur Rede stellen, so hört er zwar Ihre Worte. Aber wenn Männer Angst haben oder bloßgestellt (nackt) werden, verstecken sie sich meistens.

Transparent sein

Eine Ehe benötigt Transparenz. Angst führt nicht zur Heilung, sie bewirkt, dass man sich versteckt. Beide Ehepartner müssen ohne Angst und Verdammnis jene Bereiche ihres Lebens ans Licht bringen können, in denen sie verletzbar sind. Wehe dem Mann, der keinen Ort hat, an den er sein Haupt legen kann.

„Und sie waren beide nackt, der Mensch und seine Frau, und schämten sich nicht."
(Genesis 2:25)

Die Ausführungen, die nun folgen, werden manchem unorthodox erscheinen. Aber ich bete darum, dass doch der eine oder andere dadurch Segen empfängt. Ich möchte in Delilas Haus einkehren (Richter 16:4-20). Die meisten Frauen scheuen einen Besuch dort; die meisten Männer würden gern einmal eintreten! Die meisten Männer hätten keine Angst vor ihr, die meisten Frauen würden Abscheu gegen sie empfinden. Delilas Moral ist nicht nachahmenswert, aber ihre Methoden verdienen Beachtung. Jede Ehefrau sollte von der unmoralischen Delila ein paar wichtige Dinge lernen.

In vielen Predigten wird Delila mit malerischen Worten als sinnliche Liebesgöttin dargestellt. Der Schwung ihrer Hüften wird geschildert, ihr Duft, der wie ein Gewürzgarten war, und ihr Lächeln, das wie ein Leuchter strahlte. Doch in der Bibel wird kein Wort über Delilas äußere Erscheinung verloren. Ihre Kleidung, ihr Makeup und ihre Frisur werden nirgendwo erwähnt.

Worin bestand nun die starke Anziehungskraft dieser Frau? Wodurch wurde der große Held Simson so sehr in den Bann geschlagen? Was faszinierte ihn an ihr?

Was war es, das ihn immer wieder in ihre Arme trieb?

Was war das Besondere dieser Frau? Als kein Krieger Simson besiegen konnte, bestachen die Philister Delila. Sie wusste, wie man mit Männern umgeht.

Warum legte sich Simson immer wieder zu ihr auf das Lager, obwohl er wusste, dass sie ihn zu töten versuchte?

Simson kam nicht von ihr los – er benötigte sie dringend. Was hatte es mit dieser fatalen Anziehungskraft auf sich?

Wo kann der Starke sein Haupt niederlegen?

Die folgenden Gedanken sind für Frauen geschrieben, deren Männer in hohen Positionen arbeiten, die viel Stress aushalten müssen, einflussreiche Männer, zielstrebige Männer, Männer, die von allen beneidet werden. Männer mit einer hohen Motivation. Simson gehörte auch dazu. Jesus beschrieb das Problem dieser Männer sehr treffend mit den Worten: „Die Füchse haben Gruben, und die Vögel unter dem Himmel haben Nester; aber der Menschensohn hat nichts, wo er sein Haupt hinlege" (Lukas 9:58).

Wo kann der Starke sein Haupt hinlegen? Wo kann er seine Schwächen zeigen? Wo kann er seine Rüstung ablegen und für ein paar Stunden ruhen? Er will nicht mehr an Aufgeben denken, er will einfach nur ausruhen.

Ist Ihr Zuhause ein Ort,
wo der Starke sein Haupt hinlegen kann?

Ist Ihr Zuhause ein Ort zum Ausruhen? Ist es ordentlich und sauber bei Ihnen? Ist es gemütlich und einladend? Wenn nicht, dann lockt Delilas Haus. Ich bin sicher, dass auch Delila Probleme hat, aber sie erwartet nicht von ihm, dass er sie in dem Augenblick lösen muss, in dem er nach dem Kampf gegen die Feinde das Haus betritt. Sie weiß, dass er müde ist und darum sagt sie: „Komm, lege deinen Kopf in meinen Schoß."

Ich weiß, dass Delila wie ein von Lust getriebener Pornostar dargestellt wird. Aber wenn wir die Bibel genau lesen, steht dort kein Wort über Simson und Delilas Liebesleben. Ich bin sicher, dass sie miteinander schliefen, aber das war für Simson nichts Neues. Er war vom Bett der Prostituierten in Gaza aufgestanden und hatte die Philister zurückgetrieben. Er war kein Halbstarker, der den Verstand verlor, wenn es um Sex ging. Nein, er war ein starker Held.

Was bringt die Starken zu Fall?

David selbst hatte beim Tod von Saul ausgerufen: „Wie sind die Starken so gefallen?" Nun, David sollte einmal Delila fragen, oder, wenn diese nicht zu Hause ist, seine eigene Bathseba.

Delila wusste, dass alle Männer tief im Innern kleine Jungen sind. Sie sind kleine Jungen, deren Leben damit begann, dass sie von einer Frau berührt wurden. Sie, die Frau, haben ihm das erste Lied vorgesungen. Sie haben ihn zum ersten Mal gebadet. Und wenn er müde war, hat er sein schweres Haupt an Sie gelegt und ist eingeschlafen. Er hat Ihrer samtweichen Stimme zugehört, wenn Sie sagten: „Mamas kleiner Mann." Sie haben mit ihm gesprochen. Sie haben ihn gestreichelt, und in Ihren Armen hat er sich sicher gefühlt – nicht kritisiert, nicht geächtet, einfach sicher. Delila streichelte Simson. Sie sprach mit ihm. Sie gab ihm einen Ort, wo er sein Haupt hinlegen konnte. Auch Gott wohnt in dem Raum eines Menschen, der ihn lobt und preist; einen Murrenden hingegen lässt er umherirren. Männer, die nach dem Bild Gottes geschaffen sind, reagieren auf Lob. Lob motiviert einen müden Mann zu neuer Leistung.

Wenn eine Frau weiß, wie sie mit ihrem Mann reden muss, kann er ihr nur schwer widerstehen. Das war Delilas Geheimnis. Sie wusste, dass alle Männer tief innen kleine Jungen sind. Und dass sie für ihre Ängste und Tränen die Frauenarme benötigen. Ihr Mann braucht Ihre Worte und Ihre Lieder.

Schließen Sie Ihren Mann in die Arme, singen Sie ihm ein Lied

Noch einmal sei gesagt: Die Ehe ist eine Aufgabe. Es geht um viel mehr als um selbstsüchtige Erfüllung. Wenn Ihr Mann müde nach Hause kommt, helfen Sie ihm, sich zu entspannen. Nehmen Sie ihn in Ihre Arme, singen Sie ihm ein Lied. Konzentrieren Sie sich in Ihrer Liebe auf das Geben, nicht auf das Nehmen. Wen sie heiraten, den heiraten Sie mit allem, was er ist und was er war. Sie erben seine Stärken, Ängste und Schwächen. Es ist unmöglich, nur die Teile auszuwählen, die Ihnen gefallen, und die anderen, die Ihnen nicht gefallen, auszuschließen. Es gibt nur ein Gesamtpaket. Aber Gott schenkt Ihnen die Gnade, Ihrem Mann zu dienen. Seien

Sie nicht entmutigt, wenn Sie nicht sofort Veränderung bemerken. Dienen Sie jenem kleinen Jungen in Ihrem Mann. Und vergessen Sie nicht, dass selbst eine kleine Wunde Zeit braucht, um zu heilen. Heilung ist ein Prozess und benötigt Zeit! Gott wird Ihnen das Öl der Barmherzigkeit und den süßen Atem der aufrichtigen Liebe geben; damit können Sie Heilung in die Wunden gießen, die sich Ihr Mann während des Tages zugezogen hat. Seien Sie für ihn da. Geben Sie ihm einen Ort, wo er sein Haupt hinlegen kann.

> *„Wer aber verheiratet ist, der sorgt sich um die Dinge der Welt, wie er der Frau gefalle, und so ist er geteilten Herzens. Und die Frau, die keinen Mann hat, und die Jungfrau sorgen sich um die Sache des Herrn, dass sie heilig seien am Leib und auch am Geist; aber die verheiratete Frau sorgt sich um die Dinge der Welt, wie sie dem Mann gefalle."* (1 Korinther 7:33-34)

Der Dienst der Ehe ist so wichtig, dass der Apostel Paulus die verheirateten Frauen mahnt, nicht so „geistlich" zu werden, dass sie für die Aufgabe der Ehe keine Zeit und Kraft mehr haben. Das griechische Wort, das in diesem Abschnitt mit „sorgen" übersetzt wird *merimanó*, bedeutet, „um etwas besorgt sein, sich intensiv um etwas oder jemanden kümmern". Gott sagt also durch Paulus: „Ich möchte, dass die verheiratete Frau sich mit aller Kraft darum bemüht, ihrem Mann Freude zu machen und umgekehrt."

Gottes Prioritäten achten

Verheiratete Frauen, die viel mit ledigen Frauen zusammen sind, haben oft nicht vor Augen, dass ihr Leben eine andere Perspektive hat und dass sie ihre Zeit und Kraft anders einsetzen müssen als die Ledigen. Ihre Aufgabe als Ehefrau beginnt nicht in erster Linie im Einkaufszentrum oder im Pflegeheim, sonder in ihrem eigenen Haus und bei ihrem Mann. Damit will ich überhaupt nicht sagen, dass eine Frau an Herd und Bett gefesselt sein soll! Ich will nur verdeutlichen, dass die Priorität zu Hause liegt und dann erst Beruf und Aufgaben in der Gemeinde folgen. Wenn eine Frau „sich sorgt", wird Gott ihr Seine Salbung geben, so dass sie in dem Dienst der Ehe Frucht bringt.

Im Himmel wird es keine Ehe geben (siehe Matthäus 22:30). Die Ehe ist für diese Welt geschaffen. In dem Maß, wie die Ehe eine Einrichtung für diese Welt ist, können sich verheiratete Menschen nicht von den „Dingen dieser Welt" trennen. Noch einmal zurück zu den Worten von Paulus in 1 Korinther 7:34. Beachten Sie, in welcher Bedeutung Paulus hier das griechische Wort *kosmos* benutzt; es wird in unserem Text mit „Welt" übersetzt:

> *„... aber die verheiratete Frau sorgt sich um die Dinge der Welt, wie sie dem Mann gefalle." (1 Korinther 7:34)*

Paulus' Gebrauch des Wortes *kosmos* deutet darauf hin, dass im Zuhause eines verheirateten Paars eine harmonische Ordnung herrschen soll. Gott gibt die Gabe der Ehe, doch wir haben die Verantwortung, sie zu schmücken. Schmücken Sie Ihre Beziehung, sonst wird sie sowohl für Sie selbst als auch für Ihren Mann nüchtern und fade. Man schmückt nur etwas, über das man sich Gedanken macht. Gott sagt in diesem Zusammenhang: „Ich befreie die verheiratete Frau von der Ebene der Weihe an mich, die ich von der ledigen Frau erwarte, damit sie Zeit genug hat, die Beziehung zu ihrem Mann zu schmücken.

(Anmerkung: Schmuck, geschmückter Kosmos ist nach Strong's, „eine harmonische Anordnung oder Ordnung, Schmuck, Dekoration; daraus abgeleitet wird es als Begriff für die Welt oder das Universum gebraucht, als das von Gott Angeordnete. Die Bedeutung ‚Schmuck‘ findet sich in 1 Petrus 3:3. Sonst bezeichnet das Wort immer die Welt. Vgl. Kosmos, Anstand, Zurückhaltung, 1 Timotheus 2:9, 3:2.“ Siehe „Welt“ (*Vine's Expository Dictionary of Biblical Words*, 1985).

Sie haben einen wichtigen Dienst an Ihrem Gefährten. Ich höre, wie jemand einwendet: „Das ist ja schön und gut, aber ich brauche Zeit mit dem Herrn.“ Dem stimme ich zu, das ist wahr. Die Bibel sagt nicht, dass verheiratete Frauen fleischlich gesinnt sein sollen. In der Bibel werden nur klare Prioritäten gesetzt. Wenn wir in unserem Leben keine Prioritäten haben, fühlen wir uns schnell für zu vieles verantwortlich. Sie können Ihr Leben in der Hingabe an Gott leben, doch müssen Sie erkennen, dass Ihre Berufung darin besteht, Ihrem Mann eine Gehilfin zu sein. Wie auch immer Sie Ihre Beziehung schmücken, sie ist heilig. Deshalb vernachlässigen Sie nicht Ihren Ehepartner unter dem Deckmantel der Geistlichkeit. Gott will, dass Sie zusammen sind!

Der Mann leiste der Frau, was er ihr schul-
dig ist, desgleichen die Frau dem Mann. Die
Frau verfügt nicht über ihren Leib, sondern
der Mann. Ebenso verfügt der Mann nicht
über seinen Leib, sondern die Frau. Entzie-
he sich nicht eins dem andern, es sei denn
eine Zeit lang, wenn beide es wollen, damit
ihr zum Beten Ruhe habt; und dann kommt
wieder zusammen, damit euch der Satan
nicht versucht, weil ihr euch nicht enthalten
könnt. " *(1 Korinther 7:3-5)*

Wenn Sie nach jemand suchen, der Ihr Ein und Alles ist,
dann lassen Sie Ihren Blick nicht nach rechts oder links
schweifen, sondern blicken Sie nach oben! Gott ist der
Einzige, der alles für Sie sein kann. Wenn Sie von einem
Menschen aus Fleisch und Blut Vollkommenheit erwarten, dann erwarten Sie von dem andern mehr, als Sie
selbst geben können.

Verheiratet sein

Verheiratet sein heißt, einen Partner haben: Jemand, der
nicht immer da ist, jemand, der nicht immer vollkommen ist, jemand, der nicht immer alles ist! Aber wenn
Sie in Schwierigkeiten geraten und nicht wissen, wen
Sie um Hilfe bitten können, dann dürfen Sie auf Ihren
Partner zählen. Eine Ehe bedeutet, dass man jemand
hat, bei dem man sich anschmiegen kann, wenn die
Welt rau ist und das Leben ungewiss. Es heißt, jemand
zu haben, der sich um Ihre kranken Kinder genauso
viel Sorgen macht wie Sie. Es bedeutet, dass Ihnen jemand mit der Hand die Stirn fühlt, wenn es Ihnen nicht

gut geht. Verheiratet sein heißt, dass Sie eine Schulter haben, an der Sie weinen können, wenn Ihre Eltern zu Grabe getragen werden. Es bedeutet, sich eine warme Decke über die alten Knie zu ziehen und mit zahnlosem Mund gemeinsam zu kichern! Wenn Sie heiraten, sagen Sie damit: „Wenn die Zeit kommt, dass ich diese Welt verlassen muss, wenn der kühle Wind der Ewigkeit weht und ich nie wieder Geburtstag feiern werde, wenn meine Zukunft noch im Dunkel der Nacht verborgen liegt, dann bist du es, dem ich zum Lebewohl einen Kuss geben möchte. Deine Hand möchte ich drücken, bevor ich in die Ewigkeit hinübergehe. Und wenn der Vorhang darüber fällt, was ich versucht habe zu tun und zu sein, dann möchte ich in deine Augen blicken und wissen, dass mein Leben Bedeutung hatte. Nicht mein Aussehen, nicht mein Tun oder mein Geld. Nicht einmal meine Begabung. Ich möchte in die tränenden Augen eines Menschen blicken, der mich liebte, und wissen, dass ich für ihn wichtig war!

Ein köstliches Mahl auf einem wackeligen Tisch

Ich hoffe, dass Ihnen durch dieses Kapitel neu bewusst geworden ist, was für ein Geschenk es ist, lebendig zu sein und das Leben fühlen und schmecken zu können. Führen Sie das Glas zum Mund und trinken Sie das Leben. Jeder Tropfen Ihres Ehelebens ist ein Geschenk. Ihre Ehe ist nicht vollkommen, doch sie ist wie eine Wildlederjacke; gerade die Unvollkommenheiten machen Ihre Ehe zu etwas Besonderem. Ich bin sicher, dass Ihre Ehe ähnlich wie meine ist, eine Mischung aus guten und schlechten Tagen und vielen Herausforderungen, die das Leben mit sich bringt. Aber ich hoffe, Sie haben ebenso wie ich gelernt: Eine wirklich gute Beziehung ist wie ein pikant gewürztes Essen, das auf einem wackeligen Tisch serviert wird. Die Zutaten: Träume, Schmerzen und zärtliche Momente. Diese Momente sind es, die während des Tages manchmal ein heimliches Lächeln auf Ihr Gesicht zaubern. Es sind Momente, die so stark sind, dass sie niemals sterben; gleichzeitig sind sie so vergänglich, dass sie wie Luftblasen in einem Wasserglas zerplatzen.

Entscheidend ist nicht, ob es in Ihrer Ehe Bereiche gibt, die beneidenswert sind oder erst noch entwickelt werden müssen. Wenn Sie zurückblicken und sich an einige kostbare Momente erinnern können, wenn Sie das Lächeln auf Ihrem Gesicht bis zu einem dieser Momente zurückverfolgen können, dann sind Sie gesegnet! Sie hätten auch an einem anderen Platz sitzen und etwas anderes tun können, doch der Meister hat Sie an EINEN TISCH FÜR ZWEI gesetzt.

KAPITEL ZEHN

Eine Tochter Abrahams

Alles, was Gott Ihnen gibt,
will Er in Ihrem Geist vervielfältigen.
Wenn Sie es dann hervorbringen,
wird es größer sein als am Anfang.

 ch glaube, es ist wichtig, dass Frauen in ihrem Geist geheilt und befreit werden. Ich bin begeistert davon, was Gott tut. Und ich glaube, dass Gott noch mächtiger im Leben von Frauen wirken will.

Was nicht in Ordnung und defekt ist, nimmt Gott in die Hand und vollbringt ein Wunder. Wenn es aussieht, als würde Ihr Leben in Scherben liegen, seien Sie nicht zu sehr beunruhigt, denn Gott ist Spezialist darin, Zerbrochenes wieder zusammenzufügen. Gott spricht deutlich darüber, dass Frauen befreit werden sollen, um Ihren Platz in Seinem Reich einzunehmen.

Wir wollen uns noch einmal mit der Geschichte der verkrümmten Frau im Lukasevangelium Kapitel 13 beschäftigen:

„Und er lehrte in einer Synagoge am Sabbat. Und siehe, eine Frau war da, die hatte seit achtzehn Jahren einen Geist, der sie krank machte; und sie war verkrümmt und konnte sich nicht mehr aufrichten. Als aber Jesus sie sah, rief er sie zu sich und sprach zu ihr: Frau, sei frei von deiner Krankheit! Und legte die Hände auf sie; und sogleich richtete sie sich auf und pries Gott. Da antwortete der Vorsteher der Synagoge, denn er war unwillig, dass Jesus am Sabbat heilte, und sprach zu dem Volk: Es sind sechs Tage, an denen man arbeiten soll; an denen

kommt und lasst euch heilen, aber nicht am Sabbattag. Da antwortete ihm der Herr und sprach: Ihr Heuchler! Bindet nicht jeder von euch am Sabbat seinen Ochsen und seinen Esel von der Krippe los und führt ihn zur Tränke? Sollte dann nicht diese, die doch Abrahams Tochter ist, die der Satan schon achtzehn Jahre gebunden hatte, am Sabbat von dieser Fessel gelöst werden? Und als er das sagte, mussten sich alle schämen, die gegen ihn gewesen waren. Und alles Volk freute sich über alle herrlichen Taten, die durch ihn geschahen."
(Lukas 13:10-17)

Wenn der Herr gegen alle Widerstände in Ihrem Leben wirkt, werden alle Ihre Gegner beschämt sein. Alle, die Sie angeklagt haben, werden sich schämen müssen. Alle Menschen, die zu Ihrem geringen Selbstwertgefühl beigetragen haben, werden sich schämen, wenn Gott sich als der Stärkere erweist und Sie befreit. Sie selbst werden nichts beweisen müssen. Gott wird es beweisen. In Ihrem Leben. Wenn Er ans Licht bringt, dass Sie richtig gehandelt haben und am richtigen Ort waren, werden alle den Kopf senken und sich schämen.

Ich habe bereits dargestellt, dass diese Frau so sehr vom Satan gebunden war, dass sie sich achtzehn Jahre lang nicht aufrichten konnte. Sie wurde von ihrer Vergangenheit gequält, aber Jesus machte sie frei. Satan hatte das Potential in ihr gebunden, doch Jesus löste alle Fesseln.

Ihr Dilemma

Viele gläubige Frauen haben noch nicht wirklich erkannt, dass Jesus die Antwort auf ihr Dilemma ist. Sie gehen in den Gottesdienst, lieben den Herrn, freuen sich auf den Himmel, aber trotzdem sehen sie Christus nicht als die Lösung für ihre Not an. Oft trennen wir unser persönliches Leben von unserem geistlichen Leben. Viele sehen Jesus als den Weg zum Himmel und die Antwort auf ihre geistlichen Probleme, doch sie erkennen nicht, dass Er die Lösung für sämtliche Probleme des Lebens ist.

Können Sie sich vorstellen, wie schwer das Leben für jene verkrümmte Frau war? Bedingt durch ihr Problem hatte sie Mühe, zu Jesus zu kommen. Nur wenige von uns sind in dieser Weise behindert. Doch jeder von uns hat Begrenzungen, die ihn behindern. Der eine ist im Bereich seiner Gefühle gebeugt. Der andere, weil er kein Selbstwertgefühl hat. Jesus will, dass wir uns die Mühe machen, zu Ihm zu kommen. Er hätte auch zu der Frau hingehen können, doch ganz bewusst tat Er es nicht. Er will, dass wir uns die Mühe machen, zu Ihm zu kommen.

Ihr Verlangen nach Ihm soll so groß sein, dass Sie Hindernisse überwinden und in Seine Richtung drängen. Er will Ihnen nicht einfach nur etwas hinwerfen; Ihr Herz muss bereit sein, es auch zu empfangen. Wenn Sie einen verkrümmten Menschen durch die Menge kriechen sehen, dann wissen Sie jetzt, dass er wirklich nach Hilfe verlangt. Ein solches Verlangen muss vorhanden sein, damit Ihr Leben verändert wird. Und Jesus ist Ihre Antwort.

Jesus ist die Antwort

Wenn wir Hilfe suchen, laufen wir oft von einem Menschen zum andern, doch nur Jesus ist die Antwort. Wenn ich krank bin – Er ist die Antwort. Wenn mein Sohn tot ist oder drogenabhängig, so kann nur Jesus mein Kind auferwecken – Er ist die Antwort. Wenn mein Bruder in Nöten steckt und meine Familie deshalb in Schwierigkeiten ist – so ist Er die Antwort. Es spielt keine Rolle, wie das Problem aussieht, Jesus ist die Antwort.

Jesus rührte jene Frau an. Gott hat einen Platz für Sie, bei dem er Sie anrühren und Ihnen die Intimität schenken wird, die Sie vielleicht nirgendwo sonst finden. Aber Sie müssen offen sein für Seine Berührung. Wenn Sie nicht von Ihm empfangen können, dann ergeht es Ihnen vielleicht wie der Frau am Brunnen, die nach körperlicher Befriedigung suchte (Johannes 4:18). Wenn Sie nur nach körperlicher Liebe suchen, obwohl Sie sich eigentlich nach Vertraulichkeit sehnen, werden Sie am Ende nur Sex bekommen. Sex ist ein erbärmlicher Ersatz für Intimität. Wenn Sex in Intimität eingebettet ist, ist es schön, doch wenn Sex ein Ersatz für Intimität ist, folgt daraus nur Enttäuschung.

Jesus kannte die verkrümmte Frau. Er war der Einzige, der sie wirklich kannte. Er rührte sie an und heilte sie. Er befreite ihr Potential, das achtzehn Jahre lang gebunden gewesen war. Wenn Jesus Sie erst einmal zu sich gerufen hat, dann können Sie alles vollbringen. Von dem Moment an werden Sie unbesiegbar.

Hindernde Worte

Es ist sehr wahrscheinlich, dass Ihre eigenen Worten Sie gehindert haben. Oft sind wir durch die Worte unseres eigenen Mundes gefangen. Der Feind tut nichts lieber, als uns durch unsere eigenen Worte zu zerstören. Satan will *uns selbst* gebrauchen, um gegen uns zu kämpfen. Er benutzt unsere Stärke, um gegen uns zu kämpfen. Viele von uns haben sich selbst durch die Macht der eigenen Worte zu Boden geworfen und sich den eigenen Rücken verkrümmt. Der Feind hat Sie angetrieben, gegen sich selbst zu kämpfen, bis Sie schließlich zum Krüppel wurden. Nun ist der Moment gekommen, dem Plan des Feindes entgegenzuwirken. Wenn Sie genug Kraft hatten, sich selbst zu beugen, dann haben Sie auch genug Kraft, sich wieder aufzurichten.

Heute ist der Tag, an dem Sie sich aufrichten können

Der Herr sagte jener Frau die Wahrheit über ihr Leben. Er sagte ihr, dass sie losgelöst sei, Er befreite sie. Auch wenn alle anderen etwas anderes sahen, Jesus sah die Wahrheit. Er sah, dass sie wichtig war.

Den religiösen Kritikern gefiel nicht, was Jesus tat. Seine Macht ließ deutlich werden, wie machtlos ihre Religion war. Sie beschuldigten Ihn, das Gesetz gebrochen zu haben, weil Er am Sabbat ein Wunder vollbrachte. Doch Jesus deckte ihre Heuchelei auf, indem Er einen Vorfall aus dem normalen Leben als Vergleich nahm. Jedem Menschen sind seine Tiere wertvoll, erklärte Er. Wer einen Esel hat, der bindet ihn auch am Sabbat los, damit der Esel trinken kann. Und diese Frau, so folgerte Jesus, sei doch zweifellos wertvoller als ein Tier. Sie sei so wertvoll, dass sie unabhängig vom Wochentag von ihren Schmerzen und ihrer Krankheit befreit werden könnte.

Gott ist Ihr Befreier

Manchmal wird uns der Schmerz nur allzu vertraut. Auch an gottlose Beziehungen gewöhnen wir uns oft. Veränderung ist nicht einfach. Gewohnheiten und Verhaltensmuster sind nicht leicht zu durchbrechen. Manchmal halten wir an Beziehungen fest, weil wir uns vor der Veränderung fürchten. Doch wenn wir uns so sehen, wie Jesus uns sieht und unseren Wert erkennen, dann bekommen wir Mut, aus den Bindungen auszubrechen.

Jesus ist Ihr Verteidiger. Er wird Sie gegen die Kritiker verteidigen. Jetzt ist für Sie die Zeit gekommen, sich auf das Wunder zu konzentrieren und es entgegenzunehmen. Empfangen Sie das Wasser, das Sie vorher nicht bekommen konnten. Er bindet Sie los, damit Sie trinken können. Achtzehn Jahre lang konnten Sie nicht trinken, doch jetzt können Sie Ihren Durst stillen. Mit Jesus können Sie es.

Waren Sie ein Lastesel? Manche von Ihnen haben jahrelang Lasten geschleppt. Andere Menschen haben Ihnen Schweres aufgebürdet, und Sie haben die Zähne zusammengebissen. Nie konnten Sie sich ohne Druck und Last frei entfalten. Das lag nicht nur an den Umständen, sondern auch daran, dass Sie alles so tief getroffen hat. Doch unser Gott ist ein Befreier.

„Der Herr ist mein Licht und mein Heil; vor wem sollte ich mich fürchten? Der Herr

ist meines Lebens Kraft; vor wem sollte mir grauen? Wenn die Übeltäter an mich wollen, um mich zu verschlingen, meine Widersacher und Feinde, sollen sie selber straucheln und fallen. Wenn sich auch ein Heer wider mich lagert, so fürchtet sich dennoch mein Herz nicht; wenn sich Krieg wider mich erhebt, so verlasse ich mich auf ihn. Eines bitte ich vom Herrn, das hätte ich gerne: Dass ich im Hause des Herrn bleiben könne mein Leben lang, zu schauen die schönen Gottesdienste des Herrn und seinen Tempel zu betrachten." (Psalm 27:1-4)

Sie müssen an den Punkt kommen, wo der Herr Ihr ganzes Verlangen wird. Wenn Ihr Herz auf dieses eine Ziel ausgerichtet ist, werden Sie Befreiung erleben. Vielleicht haben Sie alle Zeit und Kraft dafür aufgewendet, jemandem, der nicht mehr da ist, zu beweisen, dass Sie wertvoll sind. Vielleicht hat ein Liebhaber Sie verlassen, und Sie sind tief verwundet. Vielleicht ist die Person schon tot und liegt im Grab, doch trotzdem versuchen Sie noch, ihre Anerkennung zu gewinnen.

Falls das zutrifft, so ist es eine sinnlose Vergeudung Ihrer Kraft. Vielleicht widmen Sie sich Dingen und unerreichbaren Zielen, durch die Sie nie Erfüllung erleben werden. Christus muss Ihr ganzes Streben sein.

In Lukas 13:13 heißt es: *„... sogleich richtete sie sich auf und pries Gott."* Christus befreite diese Frau in einer Sekunde von achtzehn Jahren Qual. Einen Augenblick mit Jesus zusammen, und sofort war sie geheilt. In manchen Angelegenheiten schreitet die Genesung nicht langsam voran. In dem Moment, in dem man die Wahrheit ergreift, ist man befreit. Als diese Frau die Wahrheit ergriff, war sie gesund.

In der Sekunde, in der Sie merken, dass Sie befreit worden sind, stellen Sie eine Veränderung fest. Wenn Sie zu Jesus kommen, wird Er Sie motivieren und Ihnen helfen, die andere Frau in Ihnen zu sehen. Sie müssen aufblühen und diese Frau zur Welt bringen.

Beachten Sie Vers 16 in Lukas 13:

> *„Sollte dann nicht diese, die doch Abrahams Tochter ist, die der Satan schon achtzehn Jahre gebunden hatte, am Sabbat von dieser Fessel gelöst werden?"*

Jesus nannte sie „Abrahams Tochter". Sie war zwar verkrüppelt, aber trotzdem war sie eine Tochter Abrahams. Lassen Sie nicht zu, dass Ihr Zustand Sie blind macht für Ihren Stand.

Die Frau wurde befreit, weil Abraham ihr Vater war. Das hatte wenig mit ihr selbst zu tun. Die Bibel erwähnt nicht einmal den Namen der Frau. Erst im Himmel werden wir erfahren, wie sie hieß. Aber wir wissen, *zu wem sie gehörte.* Sie war eine Tochter Abrahams.

Der Glaube sorgt für Chancengleichheit

Der Glaube sorgt für Chancengleichheit. Im Glauben gibt es keine Diskriminierung. Der Glaube arbeitet für Sie. Wenn Sie sich Gott nahen, so machen Sie sich niemals Gedanken darüber, dass Sie eine Frau sind. Wenn Sie Gott suchen, so lassen Sie sich niemals dadurch entmutigen. Sie werden so viel von Gott bekommen, wie Sie im Glauben von Ihm erwarten.

Sie können Ihn nicht überzeugen, Ihn nicht verführen, Ihn nicht überreden oder hereinlegen. Gott lässt sich nicht zum Handeln bewegen, nur weil Sie weinen und in Trauer fallen. Mich können Sie vielleicht durch ein solches Verhalten bewegen. Bei Männern funktioniert das, aber nicht bei Gott. Gott sieht nur auf den Glauben.

Er will, dass Sie Ihm glauben. Er will, dass Sie die Wahrheit, dass Sie durch Ihn alles tun können (Philipper 4:13), ganz persönlich für sich annehmen. Er zeigt es Ihnen jetzt, heute, damit Sie, wenn ein wirkliches Wunder nötig ist, auf diesen Glauben zurückgreifen können. Wenn Sie Ihm glauben, dann können Sie von der Niederlage zum Sieg, von geistlicher Armut zu geistlichem Reichtum gelangen! Gott möchte, dass Sie das verstehen.

Beginnen Sie zu glauben und lassen Sie sich befreien

Glaube ist mehr als eine Tatsache – Glaube ist eine Tat. Erzählen Sie mir nicht, dass Sie glauben, wenn Ihre Taten nicht mit Ihrer Überzeugung übereinstimmen. Wenn sich Ihr Handeln nicht ändert, denken Sie vielleicht immer noch, gebunden zu sein. Doch wenn Sie endlich verstehen, dass Sie befreit sind, dann werden Sie auch beginnen, sich wie ein freier Menschen zu verhalten.

Wenn Sie frei sind, können Sie gehen, wohin Sie wollen. Wenn mir ein Seil um den Hals gebunden wäre, könnte ich nur so weit gehen, wie das Seil reicht. Doch wenn ich von dem Seil befreit bin, kann ich so weit gehen, wie ich will. Sie sind geheilt. Sie sind befreit. Sie können gehen, wohin Sie wollen.

In Hebräer Kapitel 11 werden die berühmten Glaubenshelden aufgeführt. Männer und Frauen Gottes, die Gott glaubten und Großes für Ihn vollbrachten. Abraham ist in diesem Kapitel ein langer Abschnitt gewidmet. Er wird von Millionen von Menschen als Vater des Glaubens geehrt. Er war der erste Mensch in der Menschheitsgeschichte, der Gott in einer Weise glaubte, dass es ihm zur Gerechtigkeit gerechnet wurde. Er wurde durch den Glauben gerettet. Jesus sagte, dass die verkrümmte Frau eine Tochter Abrahams sei. Aufgrund dessen war sie wertvoll. Ihr Verdienst bestand darin, dass sie ein Nachkomme Abrahmas war, dem Vater des Glaubens.

Zwei verschiedene Glaubensheldinnen

In der „Ruhmeshalle" des Glaubens in Hebräer 11 werden zwei sehr unterschiedliche Frauen erwähnt. Sara, Abrahams Frau, und Rahab, die Prostituierte aus Jericho. Ist das nicht interessant, dass sowohl eine verheiratete Frau als auch eine Prostituierte den Zutritt zur Ruhmeshalle Gottes erlangt haben? Eine gute, reine, fromme Frau und eine Prostituierte sind beide in die Bibel aufgenommen worden! Ich verstehe, warum Sara hineingelangte, aber warum erhält diese Prostituierte so viel Ehre? Die Antwort ist der Glaube. Sie wurde aufgenommen, weil Gott den Glauben ehrt. Es war das Einzige, das Sara und Rahab gemeinsam hatten, sonst nichts.

Die Bibel erwähnt nicht, dass Rahab einen Mann hatte. Sie hatte die ganze Stadt. Sara lebte in den Grenzen ihres Zeltes und strickte Socken. Sie zog dorthin, wo ihr Mann hinzog und sorgte für ihn. Die Lebensweise der beiden Frauen glich sich absolut nicht, nur ihr Glaube stimmte überein. Gott sah in Sara dasselbe, was Er in Rahab sah. Vielleicht denken Sie, keine Glaubenserfahrungen machen zu können, weil Sie wie Rahab gelebt haben. Das ist eine Ausrede, die Sie nicht dulden sollten.

Rahab und Sara

Gott will, dass Sie Ihm glauben. Treffen Sie einen Entschluss und stehen Sie dazu. Rahab beschloss, sich auf die Seite des Volkes Gottes zu stellen. Sie versteckte die Spione. Sie traf diese Entscheidung auf der Grundlage ihres Glaubens. Ihrem Glauben folgten Taten. Glaube ist eine Tatsache, und Glaube ist eine Tat. Rahab wurde aktiv, weil sie glaubte, dass Gott sie beim Fall Jerichos retten würde.

Sara bekam die Kraft, ein Kind zu empfangen und zu gebären, obwohl sie längst über das Alter hinaus war, in dem man Kinder bekommt. Sie wurde aktiv, weil sie den für treu hielt, der es versprochen hatte (Hebräer 11:11). Sie brachte ein Kind zur Welt, nicht etwa, weil die Umstände danach gewesen wären, sondern aufgrund ihres Glaubens. Sara glaubte Gott.

Gott möchte, dass Ihr Glaube stark wird. Gott hat für jeden Menschen Befreiung, unabhängig von der Situation und der Vergangenheit des Einzelnen. Der Glaube ist ein Unternehmen, in dem Chancengleichheit herrscht. Wenn Sie auch noch so viele Fehler begangen haben, Gott wird trotzdem Ihren Glauben ehren. Vielleicht haben Sie alles falsch gemacht, aber Gott ist

Spezialist dafür, zerbrochene Leben zu heilen. Vielleicht sind Sie wie Rahab, aber wenn Sie Gott glauben können, dann wird Er Ihr Haus retten. Gott rettete nicht nur Rahab. Er schützte auch ihr Haus. Alle anderen Häuser in Jericho stürzten ein. Das einzige Haus, das Gott in der Stadt bewahrte, war das Haus dieser Prostituierten.

Allein der Glaube

Man sollte meinen, Gott würde das Haus einer lieben kleinen Dame schützen. Oder vielleicht ein kleines Bauernhaus, in dem eine alte Frau wohnt. Oder das Haus einer Witwe mit Petunien an den Fenstern. Aber Gott schützte das Haus einer Prostituierten. Tat Er es, weil Er es so tun wollte? Nein, Er wollte den Glauben. Der Glaube bewegt Gott zum Handeln.

Wenn Sie denken, Ihr Hintergrund würde Sie daran hindern, mit Gott voranzugehen, dann verstehen Sie nicht, welche Bedeutung der Glaube hat. Das Einzige, was Gott von Ihnen haben möchte, ist Glaube. Manche führen ein gutes reines Leben, abgesondert von der Welt. Vielleicht sind Sie stolz auf Ihre Heiligkeit. Doch Gott sieht allein auf den Glauben.

Sie werden, was Gott zu geben hat, nicht auf Grund Ihrer Lebensstils ergreifen können. Das können Sie nur aufgrund Ihrer Überzeugung. Menschen empfingen Heilung von Gott, obwohl sie nicht einmal gerettet waren. Sie waren Sünder. Einige von ihnen sind vielleicht nie gerettet worden, aber sie wurden geheilt, weil sie Ihm glaubten. Der Glaube ist es, der Gott zum Handeln bewegt. Wenn Sie Ihm glauben, dann wird Er nach Ihrem Glauben in Ihrem Leben wirken, nicht nach

Ihrer Erfahrung. In Rahabs Haus gab es etwas, das für Gott kostbar war. Das war der Glaube. Deshalb beschützte Gott Rahab vor dem Feuer.

Er bewahrte auch Rahabs Besitz. Als das Feuer erlosch, war Rahab die reichste Frau der Stadt. Sie war die einzige Frau in der Stadt, die überhaupt noch etwas besaß. Daraus erkennen wir, dass Gott auch unsere Finanzen schützt. Glauben Sie Ihm einfach.

Fünf Schwestern

Ein weiterer Bericht aus dem Alten Testament, die Geschichte von fünf Schwestern, macht deutlich, dass Gott an dem Geschick von Frauen interessiert ist.

„Und die Töchter Zelofhads, des Sohnes Hefers, des Sohnes Gileads, des Sohnes Machirs, des Sohnes Manasses, von den Geschlechtern Manasses, des Sohnes Josefs, mit Namen Machla, Noa, Hogla, Milka und Tirza kamen herzu und traten vor Mose und vor Eleasar, den Priester, und vor die Stammesfürsten und die ganze Gemeinde vor der Tür der Stiftshütte und sprachen: Unser Vater ist gestorben in der Wüste und war nicht mit unter den Leuten, die sich gegen den Herrn empörten, unter den Leuten Korachs, sondern ist um seiner eigenen Sünde willen gestorben und hatte keine Söhne." (Numeri 27:1-3)

Machla, Noa, Hogla, Milka und Tirza waren fünf alleinstehende Frauen. Es gab keine Männer mehr in der

Familie. Ihr Vater war wohlhabend, hatte jedoch keine Söhne. Bis zu diesem Zeitpunkt war es Frauen nicht erlaubt, eigenen Besitz zu haben oder Erbgüter zu empfangen; das konnte nur durch die Ehemänner geschehen. Nur Männer durften Eigentum besitzen.

Doch diese fünf Frauen brachten ihre Situation durch Mose vor Gott.

> *„Warum soll denn unseres Vaters Name in seinem Geschlecht untergehen, weil er keinen Sohn hat? Gebt uns auch ein Erbgut unter den Brüdern unseres Vaters."*
> *(Numeri 27:4)*

Sie wandten sich hilfesuchend an Mose und begründeten das mit dem Stand, den ihr Vater hatte. Sie achteten die Autorität von Mose, die er von Gott erhielt, und trugen ihm ihren Fall vor. Die Frauen konnten nicht einsehen, dass sie, nur weil sie als Frauen geboren waren, nicht etwas von dem Reichtum ihres Vaters erben sollten. Wären sie nicht so kühn gewesen, hätten ihre Onkel den ganzen Besitz des Vaters erhalten und sie selbst ohne ein Zuhause in Armut von Almosen leben müssen.

Töchter Abrahams

Doch diese Frauen waren Töchter Abrahams. Wenn Sie wollen, dass der Feind Sie loslässt, dann erinnern Sie ihn daran, wessen Tochter Sie sind. Niemand hätte den fünf Frauen zugehört, wenn sie nicht ein Gespräch gesucht und ihren Fall selber vorgetragen hätten. Vielleicht müssen auch Sie, die Sie so viel gekämpft haben, ein Gespräch suchen. Wenn Sie nicht auf Menschen mit entsprechender Bevollmächtigung zugehen und Ihre Wünsche vortragen, werden Sie nichts bekommen. Seien Sie Ihr eigener Anwalt. Die fünf Schwestern konnten nicht einsehen, warum sie nur auf Grund ihres Geschlechts diskriminiert wurden.

Benötigen Sie ein Gespräch?

Die Töchter Zelofhads konnten unter anderem darum so mutig auftreten, weil sie im Recht waren. Gottes Volk sollte endlich begreifen, dass Frauen einen Wert haben. Abrahams Töchter sind wertvoll. Die fünf Schwestern warteten nicht darauf, dass ein Mann für ihre Rechte eintrat; durch den Glauben wurden sie selbst aktiv. Das entging Gott nicht. Er sah den Glauben dieser Frauen.

„Mose brachte ihre Sache vor den Herrn. Und der Herr sprach zu ihm: Die Töchter Zelofhads haben recht geredet. Du sollst ihnen ein Erbgut unter den Brüdern ihres Vaters geben und sollst ihres Vaters Erbe ihnen zuwenden." (Numeri 27:5-7)

Mose hörte sich den Fall der Schwestern an, wusste jedoch zunächst keinen Rat. Deshalb wandte er sich an Gott. Gott rechtfertigte die Schwestern. Wäre ihre Bitte abgeschlagen worden, würden sie mit Sicherheit von allen guten Israeliten geschmäht worden sein, denn niemand hätte es gewagt, Mose so herauszufordern. Aber die Schwestern hatten Erfolg und erhielten den Besitz ihres Vaters. Beim Glauben gilt Chancengleichheit.

Sie sind eine Tochter Abrahams

Wenn Sie Glauben haben, sind Sie, wie die verkrümmte Frau, eine Tochter Abrahams. Sie möchten, dass Ihnen das Erbe Ihres Vaters gegeben wird. Warum sollten Sie in Mangel und Armut leben, wenn Ihnen Ihr himmlischer Vater alles hinterlassen hat? Ihr Vater ist reich, und Er hat Ihnen alles vererbt. Doch Sie bekommen Ihr Erbe nur, wenn Sie darum bitten. Fordern Sie das, was Ihr Vater Ihnen hinterlassen hat! Auf dem Anteil, der Ihnen gehört, steht Ihr Name. Auf jener Beförderung steht Ihr Name. Auf jener Summe, die Ihnen aus Ihren finanziellen Schwierigkeiten helfen würde, steht Ihr Name.

Es hat keinen Sinn, in der Ecke zu sitzen und darauf zu warten, dass jemand anders Ihnen das besorgt, was für Sie ist. Es wird niemand kommen. Der, dessen Kommen nötig war, ist bereits gekommen. Jesus sagte: „Ich bin gekommen, damit sie das Leben und volle Genüge haben sollen" (Johannes 10:10). Mehr benötigen Sie nicht.

Lassen Sie Ihren Glauben sprechen

Ihre Zunge hat die Macht, etwas zu bewirken. Sie werden das bekommen, was Sie sagen. Wenn Sie in der Ecke sitzen und jammern, stöhnen und klagen, dann setzen Sie die Macht Ihrer Zunge gegen sich selbst ein. Ihre Worte können bewirken, dass Sie verkrümmt und gebeugt bleiben. Sie können sich mit Ihren Worten selbst zerstören.

Öffnen Sie Ihren Mund, sprechen Sie etwas Gutes über sich selbst aus und erheben Sie sich. Bisher haben Sie sich mit Ihrem Mund selbst geschadet. Außerdem haben Sie schlecht über andere Frauen in Ihrer Umgebung geredet; Sie haben die anderen so behandelt, wie Sie sich selbst behandeln. Öffnen Sie Ihren Mund und beginnen Sie, Worte der Befreiung und Kraft auszusprechen. Sie sind nicht besiegt! Sie sind eine Tochter Abrahams.

Bitten Sie um Ihr Erbe

Wenn Sie beginnen, das Richtige zu sagen, wird Gott nach Ihren Worten und Seinem Willen geben. Aber Sie müssen aussprechen, dass Sie es haben wollen. „Und alles, was ihr bittet im Gebet, wenn ihr glaubt, so werdet ihr's empfangen" (Matthäus 21:22). Gott hat Ihnen etwas vermacht. Ihr Vater hat Ihnen ein Erbe überlassen. Wenn Gott die Söhne Abrahams segnet, wird Er mit Sicherheit auch die Töchter Abrahams segnen.

Gott wird Ihnen geben, worum Sie nach Seinem Willen bitten (Johannes 14:13). Er wird Ihnen eine Aufgabe geben. Er wird Ihnen einen Traum geben. Er wird Sie zum Kopf und nicht zum Schwanz machen (Deuteronomium 28:13). Gottes Kraft wird bewirken, dass Sie alle Situationen bewältigen können. Deshalb vertrauen Sie Ihm in allen Belangen Ihres Lebens. Gott wird Sie befreien. Sie brauchen keinen Millionär zum Papa. Sie haben Jahwe-Jireh zum Vater. Es gibt niemand auf der Welt, der besser für Sie sorgen kann.

„Denn ihr seid alle durch den Glauben Gottes Kinder in Jesus Christus." (Galater 3:26)

Frauen sind in derselben Weise Gottes Kinder wie Männer. Alles, was Gott für einen Mann tut, tut Er auch für eine Frau. Sie haben keine Nachteile. Sie können dasselbe Erbe erhalten wie ein Mann. Ledige Männer klagen normalerweise nicht über ihre Lage; sie leben einfach weiter und widmen sich ihren Aufgaben. So sollten auch Sie sich verhalten, wenn Sie ledig sind. Es gibt keinen Grund dafür, warum nicht auch eine Frau ohne Mann in Gott ein erfülltes Leben haben könnte.

Wenn Sie jedoch beschließen sollten zu heiraten, dann beschließen Sie das aus den richtigen Gründen. Sagen Sie nicht aus Verzweiflung Ja zu einem Mann, obwohl Sie sich eigentlich einen andern wünschen. Sonst kann es geschehen, dass Sie bis an Ihr Lebensende mit einem unreifen Mann zusammenleben. Wenn Sie dann noch drei Söhne bekommen, haben Sie vier kleine Jungen! So sollte Ihr Leben nicht aussehen. Sie brauchen jemand mit starken Schultern und einem Rückgrat.

Sie benötigen jemand, der Sie trägt, Ihnen hilft, Sie stärkt und aufbaut und der bei Ihnen ist, wenn die Stürme des Lebens toben. Wenn Sie einen Mann mit äußeren Vorzügen suchen, dann kaufen Sie sich ein Poster. Aber wenn Sie einen Mann haben wollen, der Ihnen Hilfe und Stärke ist, dann heiraten Sie einen gläubigen Mann.

„Denn ihr alle, die ihr auf Christus getauft seid, habt Christus angezogen. Hier ist nicht Jude noch Grieche, hier ist nicht Sklave noch Freier, hier ist nicht Mann noch Frau; denn ihr seid allesamt einer in Jesus Christus." (Galater 3:27-28)

Jene Frauen in Israel, die Töchter Zelofhads, hielten sich vor Augen, wer ihr Vater war, und deshalb hielten sie es für eine Schande, Hunger leiden zu müssen. Bevor Rahab zum Glauben kam, war sie eine Hure. Doch dann übte sie ihren Beruf nicht mehr aus. Die verkrümmte Frau war gebeugt, bis Jesus sie anrührte. Doch dann richtete sie sich auf.

Achten Sie sich selbst

Sie haben Christus angezogen. Deshalb gibt es nun, nachdem Christus Sie angerührt hat, keinen Grund mehr, gebeugt zu leben. Sie können mit Achtung vor sich selber leben, selbst wenn Sie in der Vergangenheit Fehler gemacht haben. Nicht das, was andere über Sie sagen, zählt. Was zählt ist das, was Sie selbst über sich sagen, und es kommt allein darauf an, was Ihr Gott über Sie gesagt hat. Nur weil jemand Sie ein Flittchen nennt, müssen Sie sich noch lange nicht wie eins verhalten. Rahab hatte Achtung vor sich selbst. Ihr Name wird in der Liste der Vorfahren Jesu Christi erwähnt. Sie, die einstige Prostituierte, wurde zu einer der Urgroßmütter unseres Herrn und Heilands Jesus Christus. An Ihrer Vergangenheit können Sie nichts mehr ändern, aber Sie haben Einfluss auf Ihre Zukunft.

Suchen Sie nicht mehr nach Ausreden

Gott ist unsere Abstammung nicht wichtig. Er sieht nicht darauf, dass Sie schwarz sind. Sie denken vielleicht: „Meine Leute wurden mit dem Schiff hierher gebracht und mussten auf den Baumwollplantagen schuften." Aber das ändert doch nichts! Die Lösung besteht nicht darin, weiß zu sein. Geistlich gesehen bringt uns unsere Hautfarbe überhaupt keinen Vorteil. Ihre Hautfarbe hilft Ihnen nicht, Gottes Befreiung und Hilfe zu bekommen. Das Einzige, was hilft, ist das, was in unserem Herzen ist.

Bedingt durch ihren Hintergrund haben einige von uns besondere Probleme, und diese Probleme müssen gelöst werden. Gott sagt, dass es weder Jude noch Grieche gibt. Es gibt nicht so etwas wie eine schwarze Kirche. Es gibt nicht so etwas wie eine weiße Kirche. Es gibt nur eine Kirche, die durch das Blut des Lammes erkauft wurde. Wir sind alle eins in Jesus Christus.

Vielleicht sind Sie mit Gold im Mund zur Welt gekommen, doch auch das macht keinen Unterschied. Im Reich Gottes ist der gesellschaftliche Status vollkommen unwichtig. Rahab kann direkt neben Sara erwähnt werden, weil Gott uns segnet, wenn wir glauben. Der Glaube ist das Einzige in dieser Welt, bei dem Chancengleichheit gilt. Jeder kann zu Jesus kommen.

„... hier ist nicht Mann noch Frau ..." (Galater 3:28). Gott sieht nicht Ihr Geschlecht an. Er blickt auf Ihr Herz. Er sieht nicht auf unsere Moral und guten Werke. Er blickt auf den Glauben, der in uns lebt. Gott schaut in Ihr Herz. Sie sind Geist, und der Geist hat kein Geschlecht. Deshalb haben auch die Engel kein Geschlecht. Sie sind einfach dienende Geister. Stellen Sie sich Engel nicht männlich oder weiblich vor. Sie können in Gestalt von Menschen erscheinen, aber Engel sind dienende Geister. Alle Menschen sind eins in Jesus Christus.

Für Christus war die verkrümmte Frau kostbar, denn sie war eine Tochter Abrahams. Sie hatte Glauben. Auch Sie wird Er von dem Schmerz befreien, mit dem

Sie gekämpft haben, und von der Enttäuschung, unter der Sie gelitten haben. Wenn es um den Glauben geht, haben alle die gleiche Chance. Wenn Sie nur glauben können, dass Sie eine Tochter Abrahams sind, dann werden Sie die Kraft empfangen, sich aufzurichten und frei zu sein. Das Potential, das in Ihnen gebunden war, wird zur Entfaltung kommen.

KAPITEL ELF

Eine Frau ohne Ent- schuldigung

*Viele sehen Jesus als den Weg zum
Himmel und die Antwort auf ihre
geistlichen Probleme, doch sie erkennen nicht, dass Er die Lösung für
sämtliche Probleme des Lebens ist.*

nsere innere Haltung beeinflusst die Art, wie wir leben. Eine positive Haltung kann zum Erfolg führen. Eine negative Haltung kann Zerstörung bewirken. Unsere Haltung wird von unserer Sichtweise geprägt. Ich bin sicher, Sie verstehen, was ich mit Sichtweise meine. Jeder hat eine andere Sicht der Dinge. Sie folgt daraus, wie wir das Leben betrachten. Und diese Betrachtungsweise wiederum ist meistens abhängig von unserer eigenen Geschichte.

Die Ereignisse in der Vergangenheit können bewirken, dass unsere Sicht getrübt ist und nicht Gottes Blick entspricht. Das kleine Mädchen, das missbraucht wurde, lernt, sich durch Misstrauen vor Männern zu schützen. Solche Verteidigungshaltungen werden oft bis ins Erwachsenenalter festgehalten. Wenn wir uns in der Vergangenheit zu schützen gelernt haben, jedenfalls bis zu einem gewissen Grad, ist es völlig normal, dass wir auch im späteren Leben dieses Verhaltensmuster beibehalten. Wir müssen lernen, unsere bisherige Sichtweise zu erweitern und dadurch alte Verhaltensmuster und Haltungen zu ändern.

Die verkrümmte Frau, die von Jesus Heilung erfuhr, wurde durch Seine Berührung vollkommen wiederhergestellt. Sie konnte sich nicht selbst helfen, wie sehr sie sich auch anstrengte. Jesus löste die Fesseln. Er nahm ihr die schwere Last von den Schultern und machte sie frei.

Auch in unserem Leben gibt es viele Dinge, von denen wir befreit, Lasten, die von uns genommen werden müssen. Solange diese Dinge nicht von uns genommen sind, ist unsere Kraft eingeschränkt. Mit einer Last auf den Schultern können wir unsere Aufgaben nur begrenzt erfüllen; wenn uns nichts beschwerte, hätten wir viel mehr Kraft für alles. Vielleicht sind auch Sie von Lasten niedergedrückt.

Sie sollten dankbar dafür sein, dass Sie sogar unter diesem Druck noch stark genug sind, Ihre Arbeit zu tun. Leider tragen wir das Gewicht unserer Lasten meistens allein, oft haben wir nicht die Freiheit, anderen Menschen von unseren Kämpfen zu erzählen. Ob Sie große oder kleine Schritte gegangen sind, Sie mussten in jedem Fall gegen den Wind kämpfen.

Sind Ihre Probleme zur Sicherheit geworden?

Es ist Gottes Absicht, dass wir von den Lasten befreit werden, die wir tragen. Viele Menschen leben in Abhängigkeit von anderen Menschen. Andere nehmen ihre Probleme überhaupt nicht mehr wahr, weil diese schon so lange bestehen. Vielleicht sind Sie so sehr daran gewöhnt, ein Problem zu haben, dass es Ihnen schwer fällt, es loszulassen, selbst wenn Sie die Möglichkeit der Befreiung hätten. Manche empfinden ihre Probleme sogar als Sicherheit.

Aber Jesus nahm der Frau jede Entschuldigung. Er sagte: „... Frau, sei frei von deiner Krankheit." Als Jesus diese Worte sprach, stand die Frau vor einer Herausforderung, mit der sie bisher nicht konfrontiert worden war. Achtzehn Jahre lang hatte sie ihre Behinderung als Entschuldigung vorweisen können. Doch in dem Moment, als Jesus ihr sagte, das Problem sei beseitigt, hatte sie keine Entschuldigung mehr.

Ändern Sie Ihre Haltung

Bevor Sie von Ihren Schwierigkeiten befreit werden, müssen Sie Ihre Haltung ändern. Wenn Ihre innere Haltung nicht geändert ist, können auch Sie keine äußere Änderung erfahren.

Warum sollen wir Rampen und Wege für Behinderte bauen, wenn wir sie heilen können? Bisher musste jeder Ihrem Problem freie Bahn machen. Doch nun ist es umgekehrt, Ihr Problem muss Gott freie Bahn machen, es muss sich vor Gott beugen, und schließlich kommt der Zeitpunkt, an dem Sie keine besondere Hilfe mehr benötigen. Ich spreche nicht von körperlicher Behinderung. Ich rede von dem seelischen Ballast, der unsere Gesundheit behindert. Sie können nicht erwarten, dass die ganze Menschheit auf Sie Rücksicht nimmt, nur weil Sie eine schwierige Kindheit hatten. Das wird auch nicht geschehen. Wenn Sie das erwarten, geraten Sie nur in Depressionen, Sie werden frustriert, ja geistig verwirrt. Oder es entstehen viele Beziehungsprobleme, weil die Menschen sich einfach nicht auf Ihre Situation einstellen.

Einmal kam eine Frau zu mir in die Seelsorge, die unausstehlich war. Ihr Fall bereitete mir echtes Kopfzerbrechen, deshalb wandte ich mich im Gebet an Gott. Der Herr schenkte mir die Gelegenheit, ihren Mann kennen zu lernen. Ich wurde Zeuge davon, wie verächtlich er mit seiner Frau sprach; nun verstand ich, warum die Frau so viel Feindseligkeit in ihrem Herzen trug. Sie wurde ununterbrochen damit gespeist. Man gibt das weiter, was man empfangen hat.

Eine Sache von Leben und Tod

Christus will Sie vollkommen von der Ursache Ihrer Bitterkeit trennen, so dass Ihre Haltung nicht mehr der Bitterkeit entspringt und Sie nicht mehr unter dem Schmerz leiden müssen. Ihre Situation wird von Ihrer Haltung beeinflusst – von *Ihrer* Haltung, nicht von der Haltung anderer Menschen zu Ihnen. Ihre eigene Haltung hat die Macht über Leben und Tod.

Nichts befreit die Menschen so sehr wie eine befreite Haltung. So lange sich Ihre Haltung nicht ändert, nutzt es Ihnen nichts, wenn Sie von Ihren finanziellen Problemen befreit werden. Ich kann Ihnen 5000 Dollar geben, doch wenn Sie Ihre Haltung und Ihre Sichtweise nicht ändern, werden Sie innerhalb einer Woche wieder bankrott sein und alles ausgegeben haben. Es geht nicht darum, wie viel wir haben, sondern was wir mit dem machen, was wir haben. Sie besitzen vielleicht nur 50 Dollar, doch wenn Sie Ihre Haltung ändern, dann können Sie lernen, wie Sie mit diesen 50 Dollar viele Dollar gewinnen können.

Wenn Gott uns heilt, heilt Er auch unsere Gefühle. Manchmal beten wir nur um eine Änderung unserer Situation. Wir tragen Gott die Liste unserer Wünsche vor. Doch eine Änderung der Umstände ist nur wie ein Pflaster. Wenn hingegen unsere Haltung geheilt wird, werden wir frei, Heilung für den ganzen Menschen zu empfangen.

Die Frau, die achtzehn Jahre lang verkrümmt war, wurde von ihrer Behinderung befreit. In der Bibel heißt es, dass sie sich aufrichtete und Gott pries. Sie hatte eine neue Haltung bekommen. Trotzdem versuchte der

Feind, sie durch die Menschen in ihrer Umgebung zu besiegen. Satan will nicht, dass Sie Gesundheit und Stärke erlangen. Wenn Sie nicht Ihre Haltung ändern, wird er erneut schwierige Umstände schaffen, durch die Sie wie vorher niedergedrückt werden.

Beim ersten Lesen der Geschichte jener Frau denkt man vielleicht, dass die Befreiung vor allem körperlicher Art war. Ich möchte jedoch deutlich machen, dass die Frau eine weitaus umfassendere Befreiung erfuhr. Die Bibel sagt, dass sie sich aufrichtete, als Jesus ihr die Hände auflegte. Das war körperliche Befreiung. Doch dann änderte sich auch ihre Haltung. Woher wissen wir das? Sie begann den Herrn zu loben, Ihm zu danken und Ihn anzubeten. Die Frau hüpfte vor Freude und jubelte, sie pries Gott und jauchzte laut über den Sieg, wie jeder es tun würde, der von einer achtzehnjährigen Behinderung befreit ist. Während die Frau Gott pries, schürte der Feind hinter ihrem Rücken die nächsten Probleme. So geht Satan vor. Doch die Frau hörte nicht auf, den Herrn zu preisen. Sie unterbrach ihr Lob nicht, um sich gegen ihre Ankläger zu verteidigen.

Lobpreis als Verteidigung

Der Herr ist unser Schutz. Sie müssen sich nicht selbst verteidigen. Wenn Gott Sie befreit hat, dann halten Sie sich nicht damit auf, sich gegen Ihre Ankläger zu verteidigen. Fahren Sie fort, Gottes Namen zu preisen; achten Sie darauf, dass Sie nicht in eine Verteidigungshaltung hineingeraten. Wenn Sie schwierige Zeiten hinter sich haben, können Sie es sich nicht leisten, sich erneut von Stimmungen und Haltungen gefangen nehmen zu lassen. Durch eine depressive oder verteidigende

Haltung können Sie durchaus wieder für den Teufel angreifbar werden.

Die Frau musste sich schützen und tat es, indem sie den Lobpreis als Verteidung benutzte. Sie lobte Gott nicht nur, um Ihm zu danken, sondern auch, um sich zu verteidigen. Defensiver Lobpreis ist eine Strategie, die unsere Entschlossenheit zum Ausdruck bringt: „Halt, ich habe eine neue Einstellung, und die wird mir niemand rauben."

Wenn wir an den Punkt gelangen, dass wir uns weder mit unseren alten Waffen selbst verteidigen noch andere Menschen angreifen, geben wir dem Herrn die Möglichkeit, für uns zu kämpfen.

Als die Frau begann, Gott zu loben, errichtete sie Schutzmauern um ihre Befreiung. Sie wollte Gottes Befreiung in ihrem Leben bewahren und hielt sie durch die Haltung fest, die dazu nötig war.

Gott wird Sie herausziehen

Wenn Sie in Schwierigkeiten sind, wird Gott Seine Hand ausstrecken und Sie herausziehen. Sie benötigen allerdings die Kraft, sich nicht wieder von Menschen in die Probleme zurückziehen zu lassen. Wenn Gott Sie befreit, dann lassen Sie sich nicht von Menschen in religiöse Kämpfe verwickeln. Preisen Sie Gott unentwegt. Je mehr jene Frau kritisiert wurde, desto mehr wurde sie gerechtfertigt, denn sie blieb einfach an ihrem Platz und glaubte Gott. Gott möchte Sie gern an einen Ort des Glaubens führen. Er möchte Sie von negativen Haltungen befreien.

Wenn man jahrelang Probleme hatte, erwartet man meistens weitere Probleme. Im Leben jener Frau hatte

Gott offensichtlich auch die Gefühle geheilt, denn sie hörte nicht auf, Ihn zu preisen, und schenkte den Vorwürfen der Religiösen keine Beachtung. Sie hätte leicht negativen Gedanken Raum geben können, doch stattdessen pries sie Gott.

Können Sie sich vorstellen, was geschehen wäre, wenn sie Gott nicht mehr gepriesen und sich auf die Vorwürfe eingelassen hätte? Wenn eine von den Anklagen sie verletzt hätte, würde die Geschichte mit einem Streit geendet haben. Doch die Frau war voller Dank und entschlossen, ihrem Dank Ausdruck zu verleihen.

Lassen Sie die Mauern einstürzen

Der Herr möchte Ihnen ein Wort des Glaubens zusprechen. Er möchte Sie von allen Mächten befreien, durch die Sie gebunden waren. Doch damit Sie es in Ihrem Geist empfangen können, müssen Sie zulassen, dass Gott in Ihr Herz kommt und in Ihnen Glauben weckt. Die emotionalen Mauern, die uns umgeben, müssen einfallen.

Liebe ist ewig. Sie kennt keine Begrenzung durch die Zeit. Wenn Sie einem Menschen Liebe zeigen wollen, dann betrifft es den anderen Menschen als ganze Person. Jeder Mensch ist durch seine Geschichte geprägt. Für mich bedeutet das, dass ich meine Frau so liebe, wie sie geworden ist. Aber damit meine Liebe ihr Herz erreichen kann, muss sie zulassen, dass ich auch an ihrer Vergangenheit teilhabe.

Viele Ehepaare streiten sich über relativ unwichtige Dinge. Diese Dinge werden jedoch wichtig, weil einer der beiden durch sie an ein früheres Erleben erinnert wird. Wie kann man einen anderen Menschen lieben, wenn man seine Vergangenheit nicht kennt?

Eine zu enge Sicht

An diesem Punkt herrscht im Leib Christi ein Mangel. Wir wissen zu wenig voneinander. Wir möchten unsere inneren Regungen niemand anvertrauen, sondern sie nur zu Gott bringen. Natürlich sollen wir sie Gott bringen, aber wir müssen auch lernen, was in Galater 6:2 steht: „Einer trage des anderen Last".

Unzählige Menschen leiden unter vielen Ängsten. Der Leib Christi könnte diesen Menschen helfen, von ihrer Angst frei zu werden. Doch die meisten haben eine Mauer um sich errichtet, weil sie niemand vertrauen. Der Leib Christi kann den Gliedern des Leibes helfen, anderen zu vertrauen. Tausende leben in Abhängigkeit von Menschen und leiten ihren Wert von Beziehungen ab. Die Gemeinde kann auf Gottes Liebe als der Quelle allen Selbstwerts hinweisen. Wir müssen den Gläubigen zu dem Verständnis helfen, dass wir nicht wertvoll sind, weil wir Gott lieben, sondern dass wir wertvoll sind, weil Gott uns liebt.

Jesus nahm der verkrümmten Frau die Möglichkeit, Entschuldigungen vorzubringen und gab ihr die Kraft, in einer Haltung der Dankbarkeit und des Lobes zu bleiben. Die Gemeinde Christi sollte ein Ort der Sicherheit sein und genau dasselbe tun. Die Verwundeten sollten zu uns kommen und in unserem Lobpreis Stärke finden können.

Kultivieren Sie eine Haltung der Dankbarkeit

Dankbarkeit und defensiver Lobpreis sind ansteckend. Es steht zwar nicht ausdrücklich so in der Bibel, aber die Menschen, die Zeugen der Heilung der verkrümmten Frau wurden, stimmten mit Sicherheit in ihren

Lobpreis ein. Wenn die Zerbrochenen in unserer Mitte geheilt werden, müssen wir als Gemeinde Jesu lernen, in den Lobpreis mit einzustimmen. Jene, die damals beschlossen, über Religion zu diskutieren, verpassten den großen Segen.

Die Bibel beschreibt den Himmel als einen Ort, an dem sich die Engel über einen einzigen Sünder freuen, der zum Glauben kommt (Lukas 15:10). Sie freuen sich, weil Jesus die Zerbrochenen heilt. Gottes Kinder sollen sich ebenso freuen, weil die Menschen mit zerbrochenen Herzen und seelischen Verletzungen zu Ihm kommen.

Christus wirkte damals mit Seiner Macht Befreiung in der kranken Frau. Er heilte ihren Körper und gab ihr charakterliche Stärke, so dass sie eine positive Haltung beibehalten konnte. Auch heute können verletzte und zerbrochene Frauen erleben, dass Christus sie mit Seiner Kraft befreit; sie müssen nur der Einladung des großen Arztes folgen und Ihm ihre Verletzungen bringen.

KAPITEL ZWÖLF

Die wahre Schönheit einer Frau

Sie werden nicht durch das,
was andere Menschen über Sie sagen,
zu einem besonderen Menschen.
Worauf es ankommt, ist,
was Sie selbst über sich sagen,
und das, was Gott über Sie gesagt hat.

chönheit ist etwas Faszinierendes. Es gibt viele Wettbewerbe, um festzustellen, wer die Schönste ist. Werbespezialisten setzen Millionen von Dollar ein, um Schönheitsartikel zu vermarkten. Die Schönheitsindustrie nimmt in Amerika eine herausragende Stellung ein. Frauen geben enorme Summen für Kosmetika, modische Kleidung und Schmuck aus. Schönheitschirurgen sind damit beschäftigt, zu liften, wegzuschneiden und den Körper so zu verändern, dass der Mensch noch attraktiver wird.

Auch wenn der Schönheit der Frau viel Aufmerksamkeit gewidmet wird, bleibt doch die Frage, was die Schönheit einer Frau tatsächlich ausmacht. Viele Frauen fühlen sich unattraktiv, weil sie an ein bestimmtes Ideal nicht herankommen. Andere wieder sind ständig genervt, weil es ihnen nicht gelingt, andere darauf aufmerksam zu machen, wie attraktiv sie sind.

Keinem Wissenschaftler ist es je gelungen, eine Frau zu machen. Kein Arzt hat je eine Frau hergestellt. Kein Ingenieur hat je eine Frau konstruiert. Aber Gott hat wunderbare Frauen geschaffen. Sie müssen nicht wie ein Fernsehstar aussehen, um schön zu sein – jedenfalls nicht nach Gottes Vorstellungen. Niemand bleibt sein Leben lang einundzwanzig.

Beginnen Sie, sich selbst für wertvoll zu halten

Wir müssen lernen, Gott zu danken, dass wir sind, wie wir sind. Es ist dumm, sich zu wünschen, wie die junge

Dame in der Fernsehshow auszusehen. Es entspricht nicht Gottes Plan, dass Sie wie diese Frau sind. Wenn Gott gewollt hätte, dass Sie so aussehen, dann hätte Er Sie so geschaffen. Sie dürfen darauf vertrauen, dass Gott Ihnen einen Mann geben wird, der Sie genau so mag, wie Sie sind.

Während Sie auf diesen Menschen warten, beginnen Sie, sich selbst wertzuschätzen. Erinnern Sie sich selbst daran: „Ich bin wertvoll für Gott. Ich bin wichtig. Und ich werde nicht zulassen, dass jemand mich benutzt oder missbraucht oder mich behandelt, als wäre ich ein Nichts. Ja, ich habe schlimme Erfahrungen gemacht. Ich bin verletzt und verbogen worden. Aber der Herr hat mich angerührt und befreit, und jetzt preise ich Gott. Ich werde nicht in mein altes Leben zurückkehren."

Wie bereits dargestellt können wir aus der Geschichte von Simson und Delila im Alten Testament eine wichtige Lektion lernen (siehe Richter 16). Simson stand im Kampf gegen die Philister. Diese konnten ihn nur überwältigen, wenn sie Zugang zu seinem Geheimnis fanden. Diesen Zugang fanden sie durch Delila. Simson liebte Delila so sehr, dass er völlig von ihr eingenommen war und sich ihr anvertraute.

Es war nicht Delilas Schönheit, die Simson faszinierte. Es war nicht einmal ihre Sexualität, die sein Leben zerstörte. Simson hatte auch vorher schon schöne Frauen kennen gelernt. Es waren nicht nur Delilas sexuelle Künste, durch die sie diesen Mann fesselte. Simson wurde durch etwas gefangen, was ich *das Delila-Syndrom* nenne. Nichts in der Bibel gibt uns den Hinweis darauf, dass Delila schön war. Vielleicht war sie es, doch Simson wurde durch etwas anderes in den Bann geschlagen; es war Delilas Wissen über Männer.

Das Leben ist kein Märchen

Man sollte sich nicht auf Schönheit und Sexappeal konzentrieren. Wenn man sich auf die falschen Bereiche konzentriert, erzielt man negative Resultate. In unserer Gesellschaft herrscht die Meinung, dass man den richtigen Mann dadurch findet, dass man die richtige Frisur trägt, das richtige Gesicht hat, die richtige Figur, die richtige Kleidung und das richtige Auto. Als Nächstes folgt der Kauf des richtigen Hauses, dann kommen die richtigen Kinder, man führt das richtige Leben und lebt von da an für immer glücklich. Aber das ist einfach nicht wahr. Das Leben ist kein Märchen.

In den weiblichen Geist hat Gott etwas hineingelegt, das Männer dringender benötigen als alles, womit Gott den weiblichen Körper ausgestattet hat. Wenn eine Frau weiß, wer sie innerlich ist, ganz gleich wie sie aussieht, wird sie keine Probleme haben, attraktiv auf Männer zu wirken. Wenn sie ihren Selbstwert kennt und in dieser Haltung dem richtigen Mann begegnet, wird dieser um sie werben.

Innerlich geschmückt

Der Feind möchte Ihre Aufmerksamkeit so stark auf Ihre äußere Erscheinung lenken, dass Sie Ihre innere Schönheit, Ihre innere Stärke und Herrlichkeit nicht erkennen. Ihr wahrer Wert kann nicht gekauft, nicht hinzugefügt, nicht als Make-up aufgetragen, nicht an die Ohren gehängt oder um den Hals gelegt werden. Ihre wahre Stärke ist mehr als äußere Kleidung und

Schmuck. Wenn ein Mann sich wünscht, in Ihrer Nähe zu sein, wenn er ohne Sie nicht leben kann, so liegt das daran, was in Ihnen ist, und nicht daran, was Sie äußerlich darstellen.

Sie müssen erkennen, was Gott in Sie hineingelegt hat. Als Gott die Frau schuf, hat Er sie nicht nur äußerlich geschmückt. Er hat die Frau auch innerlich geschmückt. Er hat Schönheit in ihren Geist gelegt.

Die Bibel spricht davon, dass wir uns nicht um den äußeren Schmuck wie Gold, Silber und kostbare Kleidung bemühen sollen. Die Gemeinde Jesu hat diesen Abschnitt aus der Bibel genommen und ein Gesetz daraus gemacht. Es wurde erklärt, dass Frauen Schmuck, Make-up und bestimmte Kleidung nicht tragen dürfen. Wir sind manchmal so negativ! Ja, oft sind wir so sehr mit den negativen Dingen beschäftigt, dass wir die positiven Aussagen in den Worten Gottes gar nicht wahrnehmen. Im Wort Gottes heißt es, dass Er die Frau innerlich geschmückt hat.

Ein Wort an „schöne" Frauen

„Desgleichen sollt ihr Frauen euch euren Männern unterordnen ..." (1 Petrus 3:1)

Man muss hier beachten, dass es nicht heißt, die Frauen sollen sich allen Männern unterordnen; es geht nur um die Unterordnung unter den eigenen Mann. Gott hat Sie nicht zum Sklaven aller Männer gemacht. Sie haben das Recht, selbst zu entscheiden, wem Sie sich unterordnen – und bitte seien Sie bei dieser Entscheidung sehr wählerisch.

„... damit auch die, die nicht an das Wort glauben, durch das Leben ihrer Frauen ohne Worte gewonnen werden."
(1 Petrus 3:1)

Die Betonung liegt hier auf der Lebensweise der Frau. Sie werden Ihren Mann nicht durch schöne Worte gewinnen; Sie werden ihn durch den inneren Schmuck einer schönen Lebensweise gewinnen. Er wird sehen, wie Sie sind, nicht was Sie sagen. Er wird beobachten, wie Sie sich benehmen. Er wird Ihre Haltung beobachten. Er wird Ihre Einstellung wahrnehmen. Viele gläubige Frauen begehen einen großen Fehler: Mit demselben Mund bezeugen sie ihrem Mann ihren Glauben und lästern gleichzeitig über andere Menschen. Sie können nicht Ihrem Mann Zeugnis geben und ihn gewinnen, wenn Sie gleichzeitig vor seinen Ohren schlecht über andere reden.

„... wenn sie sehen, wie ihr in Reinheit und Gottesfurcht lebt." (1 Petrus 3:2)

Dieser Vers spricht nicht von den leuchtend roten Lippen und den teuren aufgeklebten Wimpern. Er spricht davon, dass die Ehemänner die Lebensweise ihrer Frauen sehen, ihr Leben in Reinheit. Frauen können ihre Männer gewinnen, wenn sie diese achten.

„Euer Schmuck soll nicht äußerlich sein mit Haarflechten und Goldumhängen und Kleideranlegen." (1 Petrus 3:3)

Wenn dieser Vers bedeuten würde, dass man nichts dergleichen tragen darf, dann müssten die Frauen nackt umhergehen. Kleideranlegen betrifft sämtliche Kleidung. Petrus will hier eine Wahrheit vermitteln: Die Schönheit und Stärke einer Frau liegt nicht in ihrem Äußeren. Es gibt Wichtigeres an Ihnen als Ihre Kleidung. Es gibt Wertvolleres an Ihnen als Ihr Goldschmuck. Es gibt Schöneres an Ihnen als Ihre Frisur.

Unsere Gesellschaft fördert die Vorstellung, dass Schönheit von diesen äußeren Dingen abhängt. Wenn Sie jedoch nur an diesen äußeren Dingen arbeiten, dann hängt Ihr Wert davon ab, was Sie im Spiegel sehen. Es ist möglich, alle Energie in das Zurechtmachen des Äußeren zu stecken und trotzdem innerlich einsam und allein zu sein.

Mit dem Begriff *Delila-Syndrom* bezeichne ich Delilas Fähigkeit, Simson einfach einen Ort zum Ausruhen zu bieten. Simson fühlte sich bei Delila wohl. Der Mann war müde, deshalb legte er seinen Kopf in ihren Schoß und schlief. Es gibt keinen Hinweis darauf, dass Simson Delila wegen ihrer sexuellen Anziehung liebte. Sie gab ihm einfach Ruhe. Simson benötigte diese Ruhe so dringend, dass er sich selbst dann noch zu Delila hingezogen fühlte, als er bereits von ihrem Verrat wusste.

Sie sind Saras Tochter

Wenn Satan Delilas Stärke zur Zerstörung der Männer einsetzen kann, so kann Gott sie zum Besten der Männer benutzen. Wenn Sie verheiratet sind, können Sie Ihre Ehe durch Ihre innere Schönheit bereichern. Wenn Sie ledig sind und später heiraten werden, wissen Sie jetzt schon, dass nicht die Kette um Ihren Hals Sie attraktiv macht. Nicht die Dauerwelle macht Sie anziehend. Was Gott in Ihr Herz gelegt hat, macht Sie anziehend für Männer.

„… sondern der verborgene Mensch des Herzens im unvergänglichen Schmuck des sanften und stillen Geistes; das ist köstlich vor Gott." (1 Petrus 3:4)

Ladys, Gott hat Ihnen den Schmuck eines sanften und stillen Geistes gegeben; er ist viel kostbarer als der wertvollste äußerliche Schmuck. Er ist kostbarer als Gold. Er hat stärkere Auswirkungen als die besten sexuellen Verführungskünste.

Simson ließ seinen Kopf in Delilas Schoß sinken und kam bei ihr zur Ruhe. Ahnen Sie nun, warum Adam ebenfalls von der verbotenen Frucht aß, obwohl er wusste, welche Folgen das haben würde? In der Bibel heißt es, dass Eva verführt wurde; aber Adam griff nach der Frucht in vollem Bewusstsein dessen, was er tat. Verstehen Sie nun, wie groß Ihr Einfluss ist? Der Feind will aus dem, was Gott in Sie hineingelegt hat, Kapital schlagen. Deshalb müssen Sie darüber wachen, dass nichts Falsches in Sie hineingelangt.

„Denn so haben sich vorzeiten auch die heiligen Frauen geschmückt, die ihre Hoffnung auf Gott setzten …" (1 Petrus 3:5)

Hier spricht Petrus davon, wie sich die Frauen zur Zeit der Patriarchen schmückten. Sara war schön, weil sie eine innere Schönheit ausstrahlte und im Gehorsam gegenüber Abraham lebte.

> *„...wie Sara Abraham gehorsam war und ihn Herr nannte; deren Töchter seid ihr geworden, wenn ihr Recht tut und euch durch nichts beirren lasst." (1 Petrus 3:6)*

Hier erklärt Petrus, dass Sie Saras Tochter sind, wenn Sie sich durch nichts beirren lassen. Wenn Sie der Versuchung widerstehen, auf Umstände zu reagieren, und auch in Zeiten der Enttäuschung einen friedvollen, sanften und stillen Geist bewahren, dann sind Sie Saras Tochter.

Wenn Sie im Sturm ruhig bleiben können, wenn Sie Gott auch unter Druck preisen können, wenn Sie inmitten von Kritik und Verurteilung Gott anbeten können, dann sind Sie nach Gottes Wort Saras Tochter.

Wenn Sie einen ruhigen Kopf bewahren können, selbst wenn die Rechnungen höher sind als Ihr Einkommen, und nicht die Beherrschung verlieren, wenn Satan Ihnen einflüstern will, Sie würden es nicht schaffen, wenn Sie mitten im Sturm standhaft bleiben können, dann sind Sie Saras Tochter.

Wenn Sie die Angst von sich weisen, die an Ihre Herzenstür klopft, wenn Sie den Minderwertigkeitsgefühlen nicht erlauben, Raum zu gewinnen, wenn Sie allen Geistern, die Sie angreifen und Sie gefangen nehmen wollen, gebieten, zu verschwinden, dann sind Sie Saras Tochter.

Wenn Sie mitten im Sturm ruhig bleiben können und sagen: „Ich weiß, dass Gott mich befreien wird", dann sind Sie Saras Tochter. Wenn Sie mit Gott mitten im Sturm leben und Ihm vertrauen, dass Er Sie an einen ruhigen Ort führt, dann sind Sie Saras Tochter.

Wenn Sie auf Gottes Treue setzen und wissen, dass Gott nicht lügt, wenn Sie verstehen, dass Satan der Vater der Lüge ist, dann sind Sie Saras Tochter.

Wenn Sie standhaft bleiben, selbst wenn die Angst die Oberhand ergreifen will und Sie meinen zu vergehen, dann sind Sie Saras Tochter. Wenn Sie stehen können, sich eine Träne fortwischen und mitten im Regen lächeln können, dann sind Sie Saras Tochter.

Sie sind wirklich schön

Gott schmückt Sie mit Herrlichkeit, Kraft und Majestät. Er wird Menschen zu Ihnen schicken, die Ihre wahre Schönheit, Ihr eigentliches Wesen zu schätzen wissen. Diese Schönheit bleibt, auch wenn Ihr Gesicht Falten bekommt, Ihr Haar grau wird, die Gelenke alt werden, wenn sich Krähenfüße um die Augen bilden und die vielen anderen Hindernisse auftreten, die sich Ihnen in den Weg stellen können. Das Gesicht einer Neunzigjährigen kann so schön sein, dass es selbst einen jungen Mann zum Lächeln bringt. Gott schmückt Sie innerlich. Er legt eine Herrlichkeit in Sie hinein, die durch Ihre Augen nach außen strahlt. Sie werden einem Mann begegnen, und er wird Ihnen in die Augen schauen. Er wird nicht davon sprechen, ob Ihre Augen blau sind oder ob Sie den richtigen Lidschatten tragen. Er wird Ihnen in die Augen schauen und Vertrauen, Frieden, Liebe und Leben sehen.

Sie sind ein wundervolles Kunstwerk

Entwickeln Sie eine Wertschätzung für Gottes Schmuck. Lassen Sie sich von Gott eine neue Haltung schenken. Er will alles aus Ihrem Geist entfernen, das sich gegen Ihn erhebt. Lassen Sie den Zorn, den Hass, die Enttäuschung und Bitterkeit los. Gott will Sie befreien. Er spricht heute dieselben Worte wie vor zweitausend Jahren: „Frau, sei frei."

Es gibt vielerlei Schönheit. Doch die innere Schönheit ist die wahre Schönheit. Eine treue Frau ist wertvoller, als es sich je mit Worten ausdrücken lässt. Die innere Schönheit, durch die Sie kostbar in Gottes Augen sind, wird Sie auch wertvoll für Menschen machen. Manche benötigen vielleicht nur etwas länger, um es zu bemerken. Doch gleichgültig, wie lange die anderen benötigen, Sie selbst dürfen jetzt schon erkennen, dass Sie innerlich schön und attraktiv sind.

Vielleicht flößt Ihnen Ihre Vergangenheit noch immer Furcht ein. Vielleicht denken Sie, Sie seien unattraktiv und wertlos. Doch nichts könnte weiter von der Wahrheit entfernt sein. Gott schuf eines Tages ein wundervolles Kunstwerk. Und das sind Sie.

KAPITEL DREIZEHN

Jede Frau benötigt einen Sabbat

Wichtig

*Sie benötigen die Stille einer
Sabbatruhe.
Denn wenn Ihr Geist ruht,
dann beginnt die Wiederherstellung
Ihres Lebens.*

ir haben bereits viele Gesichtspunkte der Geschichte über die Heilung der verkrümmten Frau betrachtet. In diesem Kapitel möchte ich den Hintergrund beleuchten, auf dem das Wunder geschah. Er hat nicht direkt etwas mit der Frau oder mit Christus zu tun. Er betrifft den Zeitpunkt der Heilung: Den Sabbattag.

Der Sabbat ist ein Tag der Ruhe. Es ist ein Tag der Wiederherstellung. Nach der Schöpfung ruhte Gott am siebten Tag (Genesis 2:2). Die Ruhe dient dem Zweck der Wiederherstellung. Es geht nicht nur darum, dass man müde ist. In der Zeit der Ruhe füllt man das wieder auf, was ausgegeben wurde, man erhält zurück, was man fortgegeben hat. Doch gerade in dieser Zeit der Wiederherstellung versucht der Feind, unsere Gemeinschaft mit dem Herrn zu stören.

Denken Sie bei Ruhe nicht nur an Schlaf. Sie müssen verstehen, dass Ruhe und Wiederherstellung eng miteinander verbunden sind. Sie benötigen die Stille einer Sabbatruhe. Denn wenn Ihr Geist ruht, dann beginnt die Wiederherstellung Ihres Lebens. Der Feind will nicht, dass Sie diese Ruhe haben.

Es ist nicht nur Zufall, dass diese Frau am Sabbattag geheilt wurde. Lukas gibt sich viel Mühe, um uns darauf aufmerksam zu machen, dass die Heilung der Frau an einem Sabbat geschah. Der Sabbat war nicht nur der Tag, an dem Gott ruhte, sondern auch der Tag, an dem Er sich zusammen mit dem Menschen an Seiner Schöpfung erfreute. Es geht also um Ruhe und um Gemeinschaft.

Ein Zeichen des Bundes

Gott hatte dem Volk Israel den Sabbattag als ein Zeichen des Bundes gegeben. Er war ein Zeichen dafür, dass es Gott gehörte. Am Sabbat nahmen sich die Israeliten Zeit, Gott anzubeten und in Seiner Gegenwart zu verweilen. Das ist der eigentliche Sinn des Sabbats. Es geht um Gemeinschaft zwischen Gott und den Menschen, und zwar von Herz zu Herz.

Als Jesus an diesem Ruhetag in einer Synagoge lehrte, traten Nöte zu Tage. Die Not der verkrümmten Frau wurde am Sabbat sichtbar. Wir erhalten keine Antwort auf unsere Not, wenn wir kopflos werden. Doch wenn wir zur Ruhe kommen, dann spricht Gott zu uns.

Wenn Sie jammern und klagen, dann findet Gott in Ihnen nur Unglauben vor. Doch wenn Sie in Ihm zur Ruhe kommen, kann Gott Ihre Probleme in Angriff nehmen und Sie dort anrühren, wo Ihre Not ist.

Genau dasselbe geschieht, wenn Sie Gott anbeten. In dieser Haltung kann Gott Ihrer Not am besten abhelfen. Das ist die Zeit, in denen Gott Ihnen Wiederherstellung schenkt. Deshalb will Satan Sie an der Sabbatruhe hindern.

Die „Religiösen" in unserer Mitte

Manchmal wünschte ich mir, lieber mit ausgesprochenen Sündern zu tun zu haben als mit religiösen Leuten. Als Jesus diese Frau am Sabbat heilte, regten sich die Religiösen auf. Warum? Weil religiöse Menschen Religiosität höher achten als Gottes Geschöpfe. Ihnen ist es wichtiger, dass die Lehre eingehalten wird, als dass Menschen Hilfe erfahren. Es scheint unmöglich, religiöse Menschen von ihrer eigenen *Religiosität* zu befreien. Gott jedenfalls sind die Menschen wichtiger als alles andere.

Die verkrümmte Frau saß nicht jammernd in der Synagoge. Sie beklagte sich nicht. Sie war nicht hysterisch. Sie hatte ein Problem, aber sie war ruhig. Sie saß still da und hörte den Worten des Meisters zu. Sie hatte ihr Problem mitgebracht, aber dieses Problem beherrschte nicht ihre Anbetung.

Christus ist unsere Sabbatruhe

Ich möchte den Sabbat hervorheben. Denn was der Sabbat im Gegenständlichen war, ist Christus für uns geistlich. Christus ist unsere Sabbatruhe. Er ist das Ende unseres Arbeitens. Aus Gnade sind wir gerettet und nicht durch Werke, damit niemand sich rühmen kann (Epheser 2:8-9). Jesus sagte:

„Kommt her zu mir, alle, die ihr mühselig und beladen seid; ich will euch erquicken. Nehmt auf euch mein Joch und lernt von mir; denn ich bin sanftmütig und von Herzen demütig; so werdet ihr Ruhe finden für eure Seelen. Denn mein Joch ist sanft, und meine Last ist leicht." (Matthäus 11:28-30)

Die *Ruhe* des Herrn ist so umfassend, dass Jesus bei Seinem Sterben am Kreuz ausrief: „... Es ist vollbracht ..." (Johannes 19:30). Hier geschah etwas Mächtiges. Zum ersten Mal in der Geschichte konnte sich ein Hoherpriester zu Gottes Füßen setzen, ohne hinaus- und hineinlaufen zu müssen, um Blut zur Sühnung für die

Sünden der Menschen zu bringen. Als Christus ein für allemal starb, brachte Er *sich selbst* als Opfer für uns dar, damit wir von der Sünde befreit wurden.

Sie können in Ihm ruhen

Um wahre Heilung zu erfahren, wahre Befreiung zu erleben und Wiederherstellung zu erleben, müssen Sie deshalb in Ihm sein, denn Ihre Heilung geschieht in der Sabbatruhe. Ihre Heilung geschieht in Jesus Christus. Wenn Sie in Ihm ruhen, wird jede Behinderung, jede Verkrümmung Wiederherstellung erfahren.

Doch der Teufel kennt diese Wahrheit ebenfalls. Deshalb will er nicht, dass Sie im Herrn ruhen. Satan will, dass Sie sich Sorgen machen. Er will, dass Sie unruhig sind. Er will, dass Sie hysterisch sind. Er will, dass Sie selbstmordgefährdet sind, voller Zweifel, Angst und Neurosen.

> *„Es ist also noch eine Ruhe vorhanden für das Volk Gottes. Denn wer zu Gottes Ruhe gekommen ist, der ruht auch von seinen Werken so wie Gott von den seinen. So lasst uns nun bemüht sein, zu dieser Ruhe zu kommen, damit nicht jemand zu Fall komme durch den gleichen Ungehorsam."*
> *(Hebräer 4:9-11)*

Manchmal kostet es Mühe, diesen Ort der Ruhe und der Stille zu finden. Unsere hektische Welt ist nicht gerade dazu angelegt, Ruhe und Frieden zu finden. Unentwegt herrschen Lärm und Unruhe. Obwohl die verkrümmte Frau gebeugt war und sich nicht aufrichten konnte, ruhte sie in der Gegenwart eines mächtigen Gottes. Er ist fähig, weit über das hinaus zu wirken, was wir bitten oder uns vorstellen können (Epheser 3:20).

Auch mit der Frau am Brunnen redete Jesus über Wahrheiten, die ein ganzes Leben ändern können:

> *„Jesus antwortete und sprach zu ihr: Wer von diesem Wasser trinkt, den wird wieder dürsten; wer aber von dem Wasser trinken wird, das ich ihm gebe, den wird in Ewigkeit nicht dürsten, sondern das Wasser, das ich ihm geben werde, das wird in ihm eine Quelle des Wassers werden, das in das ewige Leben quillt."* (Johannes 4:13-14)

Bei dem hier geschilderten Ereignis saß Jesus am Brunnen und wartete darauf, dass die Jünger zurückkehrten. Er war entspannt. Er war still und ruhte sich aus. Er wusste, wer Er war. Gott lässt sich von Umständen nicht aus der Ruhe bringen.

Ein anderes Mal befanden sich die Jünger mit Jesus auf einem Schiff. Ein Sturm brach los, und es sah so aus, als würde das Schiff untergehen. Jesus jedoch machte sich keine Sorgen über die Umstände. Ja, Er schlief sogar, Er ruhte inmitten der Krise. Während die anderen im Schiff hin und her hasteten und versuchten, die Schwimmwesten anzuziehen und in die Rettungsboote zu gelangen, ruhte Jesus. Schlief Er, weil Er faul war? Nein, sondern Er ruhte, weil Er wusste, dass Er größer war als der Sturm. Als die Jünger in ihrer Angst und Hilflosigkeit zu Ihm kamen, stand Er auf und befahl dem Wind und den Wellen: „... Schweig und verstumme! ...“ (Markus 4:39).

Sie müssen nicht kämpfen

Wenn Sie wissen, wer Sie sind, müssen Sie nicht kämpfen. Sie müssen Jesus nicht erst auf sich aufmerksam machen. Das machte Christus auch bei der Begegnung mit der Frau am Brunnen deutlich. Als diese Frau mit ihrem Gefäß erschien, war sie unruhig und machte sich Sorgen wegen des Wassers, das sie schöpfen musste. Doch Jesus saß am Brunnen und zeigte ihr Seine Ruhe. Er erklärte: „Wenn du von dem Wasser trinkst, das du hast, wirst du wieder Durst bekommen; doch wenn du von dem Wasser trinkst, das ich habe, dann wirst du nie wieder Durst haben“ (Johannes 4:14).

> *„Spricht die Frau zu ihm: Herr, gib mir solches Wasser, damit mich nicht dürstet und ich nicht herkommen muss, um zu schöpfen! Jesus spricht zu ihr: Geh hin, ruf deinen Mann und komm wieder her!“*
> *(Johannes 4:15-16)*

Jesus lenkte das Gespräch auf die eigentliche Not.

> *„Die Frau antwortete und sprach zu ihm: Ich habe keinen Mann. Jesus spricht zu ihr: Du hast recht geantwortet: Ich habe keinen Mann. Fünf Männer hast du gehabt, und der, den du jetzt hast, ist nicht dein Mann; das hast du recht gesagt.“*
> *(Johannes 4:17-18)*

Wie diese Frau können auch Sie sich in Situationen begeben, die Ihren Geist verletzen und beunruhigen. Diese Verletzungen können nicht durch menschliches Bemühen geheilt werden. Sie müssen in Gottes Gegenwart beten und zulassen, dass Er diese Leere in Ihrem Leben ausfüllt. Sie werden keine Ruhe finden, wenn Sie von einem Freund zum nächsten laufen. Das hatte diese Frau bereits versucht. Sie hatte schon fünf Männer gehabt. Die Lösung besteht nicht darin, noch einen weiteren Mann zu haben. Sie besteht darin, mit dem EINEN, mit Jesus, in Berührung zu kommen.

Nachdem Jesus mit der Frau am Brunnen gesprochen und sie in ihrem Herzen angerührt hatte, stellte sie ihr Gefäß nieder und lief los. Sie wollte den andern von dem Mann erzählen, dem sie am Brunnen begegnet war. Ihre Gedanken beschäftigten sich nicht mehr mit ihrem Problem. Sie beschäftigten sich mit Jesus. Auch wir müssen den alten, fleischlichen Menschen loswerden. Die alten Bindungen, die alte Lebensweise muss Stück für Stück gegen die Ruhe des Geistes ausgetauscht werden.

Diese Frau hätte sich nie von dem alten Menschen befreien können, wenn sie nicht dem neuen Menschen, Jesus, begegnet wäre. Wenn Sie dem Neuen begegnen, bekommen Sie die Kraft, dem Alten Lebewohl zu sagen. Erst wenn Sie wissen, dass Jesus Christus der wahre Weg ist, können Sie den Einfluss der alten Wege in Ihrem Leben entkräften. Ohne Jesus werden Sie letztlich keine Lösung Ihrer Probleme erleben. Sie müssen zu Ihm kommen, so wie Sie sind. Wenn Sie Ihn kennen, haben Sie die Kraft, sich von Ihrem alten Menschen und ihren alten Bindungen zu lösen.

Wenn Sie an etwas gebunden sind, das nicht von Gott kommt, können Sie sich nicht aus eigener Kraft davon lösen. Stellen Sie Ihr Leben unter Gottes Herrschaft und widerstehen Sie dem Feind, dann wird er von Ihnen fliehen (Jakobus 4:7). Wenn Sie sich Gott unterstellen, erhalten Sie die Kraft, dem Feind zu widerstehen.

Diese Frau ging nicht einmal nach Hause. Sie lief in die Stadt und sagte allen, sie sollten herbeikommen und sich den Mann anschauen, der ihr ganzes Leben kannte. Wenn Sie Jesus nicht kennen, schaden Sie sich nur selbst. Er schenkt wahre Zufriedenheit. Menschen können uns bis zu einem gewissen Grad befriedigen, aber Jesus schenkt echten Frieden. Er kann jede Not und jede Sehnsucht stillen. Er heilt jeden Schmerz und jedes Leid. Und Er nimmt uns jede Last und alle Probleme unseres Lebens.

Sie waren lang genug niedergebeugt

Sie haben genug Unglück in Ihrem Leben erfahren. Sie waren lang genug niedergebeugt. Gott will etwas Gutes in Ihnen tun. Gott hat Sie in all den Jahren Ihrer Schwachheit am Leben erhalten, weil das, was Er für Sie bereithält, besser ist als alles, das Sie bisher erfahren haben. Gott hat Ihr Leben erhalten, weil Er etwas Besseres für Sie hat.

Vielleicht sind Sie von Menschen missbraucht und benutzt worden. Vielleicht haben sich alle Menschen, denen Sie vertraut haben, gegen Sie gewandt und Ihnen das Herz gebrochen. Und trotzdem hat Gott Sie gehalten. Nicht Ihre eigene Kraft hat Sie bis hierher getragen. Nicht Ihre Klugheit hat Ihnen geholfen. Auch nicht

Ihre Weisheit. Sie sind nur deshalb nicht untergegangen, weil Gott Sie in Seiner großen Gnade getragen und erhalten hat. Gott hat heute etwas Besseres für Sie als alles, was Sie in der Vergangenheit erlebt haben. Geben Sie deshalb nicht auf. Kapitulieren Sie nicht. Der Segen ist bereits unterwegs.

Erkennen Sie doch, dass Sie alles vermögen durch Christus, der Sie stark macht (Philipper 4:13). Als die verkrümmte Frau es begriff, musste sie nicht mehr gebeugt leben; sie richtete sich auf. Als Jesus ihr sagte, sie sei frei, richtete sie sich auf und pries Gott. Auch der Frau am Brunnen sagte Er, sie solle das Alte hinter sich lassen. Er wollte, dass sie sich von der alten Lebensweise der Selbstsucht trennte. Durch die Begegnung mit Jesus erkannte die Frau plötzlich, dass sie das, was sie zu haben meinte, gar nicht hatte.

Wenn Gott uns Sein Bestes gibt, finden wir Ruhe

Sie haben Ihre Kraft dafür eingesetzt, sündhafte Dinge in Ihrem Leben zu bewahren. Doch wie die Frau am Brunnen erkennen auch Sie, dass diese Dinge nicht so wertvoll sind, wie Sie glaubten. Ich beziehe mich auf Dinge, die sich zu einer Bindung entwickelt haben und in denen Sie Trost suchen. Bestimmte Gewohnheiten, die Sie genießen, und bestimmte Beziehungen, in denen Sie Sicherheit gesucht haben. Doch das ist Ihnen nicht zum Segen geworden. Wir geben uns oft mit weniger zufrieden, weil wir nicht das Beste gefunden haben. Aber wenn Sie das Beste finden, erhalten Sie die Kraft, alles andere loszulassen.

Lassen Sie es jetzt los

Die verkrümmte Frau geriet durch ihre Behinderung nicht in Panik. Sie hatte seit achtzehn Jahren unter Schmerzen gelitten. Als sie schließlich in die Gegenwart Jesu kam, entspannte sie sich. Sie erwartete, dass Er sich um sie kümmern würde. Die Folge war eine wunderbare Heilung. Die Frau am Brunnen hielt nach Wasser Ausschau, doch als sie vom Brunnen fortging, hatte sie den Heiland gefunden. Sie suchte nach vergänglicher Befriedigung und fand ewige Befriedigung!

Das ist wahre Ruhe, das ist der Sabbat. Es ist die Fähigkeit, in Jesus ewige Befriedigung zu finden. Die Welt wird uns nie Frieden und Zufriedenheit geben. Doch Jesus will uns beides schenken.

Jede Frau, die bisher gekämpft hat, kann Erfüllung finden. Es gibt Hoffnung für Ihre Seele. Sie ist im Meister des Universums zu finden. Er wird Sie nicht auf Grund Ihrer Vergangenheit von sich stoßen. Er wird nicht jede Ihrer Taten unter die Lupe nehmen. Er nimmt Sie an, wie Sie sind, und *Er gibt Ihnen Ruhe.* Er gibt Ihnen den Frieden, der das tiefste Sehnen Ihres Herzens stillt.

„Und der Friede Gottes, der allen Verstand übersteigt, wird eure Herzen und eure Gedanken bewahren in Jesus Christus."
(Philipper 4:7)

KAPITEL VIERZEHN

Die Winterfrau

Vielleicht flößt Ihnen Ihre
Vergangenheit noch immer Furcht ein.
Vielleicht denken Sie,
Sie seien unattraktiv und wertlos.
Doch nichts könnte weiter von der
Wahrheit entfernt sein.
Gott schuf eines Tages
ein wundervolles Kunstwerk.
Und das sind Sie.

„Sie aber sprach zu ihnen: Nennt mich nicht Noomi, sondern Mara; denn der Allmächtige hat mir viel Bitteres angetan. Voll zog ich aus, aber leer hat mich der Herr wieder heimgebracht. Warum nennt ihr mich denn Noomi, da doch der Herr gegen mich gesprochen und der Allmächtige mich betrübt hat?" (Rut 1:20-21)

ls ich heute Morgen in der Frühe aufstand, schlief das Land noch. Von der Veranda des Hotels aus beobachtete ich das Wunder des Anfangs. Die Wellen des Meers rollten teilnahmslos ans Ufer und brachen sich am menschenleeren Strand. Der Sand lächelte über den Frieden des anbrechenden Tages. Wie Instrumente, die vor dem Konzert noch ein letztes Mal gestimmt werden, schrien die Möven ihr erstes Solo in die Lüfte. Der Wind schaute zu, strich ab und zu über die Palmen und bewegte die Wedeln wie den Fächer einer vornehmen Dame. Weit im Osten schob sich langsam die Sonne über den Horizont, ganz vorsichtig, als wolle sie niemanden stören. Sie blinzelte über den Meeresrand wie ein Kind, das hinter einer Ecke hervorlugt und Kuckkuck spielt.

Würde ich nicht den Beobachtungsposten am Fenster eingenommen haben, dann hätte ich den Tag falsch beurteilt. Dann hätte ich gedacht, der Morgen oder vielleicht der laute, sonnendurchtränkte Nachmittag wäre der schönste Teil des Tages. Ich hätte gedacht, das Geräusch der glücklich lachenden, tobenden Kinder, die sich in die Wellen stürzten oder vor den Wellen davonliefen, würde mühelos den Preis für den besten Teil des Tages gewinnen.

Doch gerade bevor ich meinen Wahlzettel in die Urne werfen wollte, trat still und leise die Weisheit des Abends auf die Bühne. Die Unterhaltung des frühen Morgens und die fröhlichen Geräusche des Nachmittags hatten mich abgelenkt. Nun schaute ich wieder in die Ferne und sah die Sonne untergehen. Während ich dieses Schauspiel betrachtete, fiel mir ein, dass bei jedem Konzert das Crescendo erst zum Schluss kommt.

Wie konnte ich nur übersehen, dass die Sonne ihr Gewand gewechselt hatte und ein prächtiges buntes Abendkleid trug! Die Gnade eines beendeten Tages ist viel herrlicher als die Unsicherheit des Morgens. Wenn Sie das nächste Mal zuschauen, wie die Sonne sich in Regenbogenfarben kleidet und verbeugt, bevor sie im Westen untergeht, dann werden auch Sie Ihren Wahlzettel herauskramen und Ihr Kreuz an eine andere Stelle setzen. Denn der schönste Teil des Tages, ja, die schönste Zeit im Leben einer Frau, ist der Sonnenuntergang.

Ich habe beim Schreiben dieses Kapitels meine Mutter vor Augen. Ihr Haar hat im Lauf der Jahre seine Farbe gewechselt. Wie bei einem Künstler, der seinem Kunstwerk noch etwas hinzufügt, sind auf ihrer Stirn Falten entstanden. Ihre Arme sind schwächer geworden und ihr Gang sehr viel langsamer. Aber irgendwie ist sie jetzt, im Winter ihres Lebens, wärmer als in den Tagen des Sommers. Die tragischen Vorfälle des Lebens liegen besiegt am Boden, doch sie steht aufrecht und bezeugt, dass ihre Ziele, ihre Träume und Pläne nicht zerstört wurden.

Der Winter des Lebens

Ist es falsch, auf der Bühne zu bleiben, wenn die Zuhörer eine Zugabe fordern, weil sie durch die Schönheit Ihres Liedes tief berührt wurden? Vielleicht ist auf Ihrem Gesicht nicht mehr das gleißende Licht des Sommers zu sehen, doch das heißt noch lange nicht, dass es für Sie nichts mehr zu tun gibt. Wir brauchen Menschen, deren Leben ein Zeugnis dafür ist, dass Gott uns durchträgt. Und Ihre Kinder brauchen einen Menschen, der ihnen bei ihrem Lauf im Wettkampf zuschaut, und der sie auffängt, wenn sie unter der Last des Tages straucheln.

Gott lässt ein Leben nicht länger dauern, als es Seinen Plänen entspricht. Meine Töchter sind im Frühling ihres Lebens, meine Frau mitten im Sommer, und meine Mutter geht durch den Herbst und tritt bald in den Winter ihres Lebens ein. Zusammen ergibt das Leben dieser drei Generationen den vollen Klang des Frauseins – drei verschiedene Tonlagen, die in einer wundervollen Harmonie zusammenklingen. Ihnen, die Sie dieses Buch lesen, rate ich: Genießen Sie jede Tonlage.

„Solange die Erde steht, soll nicht aufhören Saat und Ernte, Frost und Hitze, Sommer und Winter, Tag und Nacht." (Genesis 8:22)

In unserer Kultur wird so ausschließlich die Jugend gefeiert, dass die älteren Menschen dadurch in die Isolation geraten. Die Hollywood-Mentalität hat eine übermäßige Betonung der Dynamik der Jugend hervorgebracht, als hätte nicht jede Phase des Lebens ihre eigene Schönheit. Dabei ist es wie bei den Jahreszeiten in der Natur, jede hat ihre Vor- und Nachteile. Es ist wichtig, den Frauen zu sagen, sich auf den Winter vorzubreiten.

Ich glaube, dass für Frauen das Alter mühevoller sein kann als für Männer – einfach deshalb, weil wir den Frauen in den anderen Phasen ihres Lebens nicht die gebührende Anerkennung gegeben haben. Ein weiterer Grund liegt darin, dass statistisch gesehen die Frauen länger leben und mehr leisten als die Männer. Das Problem liegt nicht in ihrem hohen Alter, sondern darin, dass sie durch den früheren Tod ihrer Männer keinen Gefährten mehr haben.

Ehren Sie die Witwen, die wahre Witwen sind

Die Bibel sagt wenig im Blick auf die Bedürfnisse älterer Männer, aber sie betont die Bedürftigkeit der Witwen (1 Timotheus 5:3-16). Es ist wichtig, dass wir unsere Zeit und Kraft auch dafür einsetzen, älteren Frauen zu helfen. Sie benötigen mehr als nur die Stillung ihrer materiellen Bedürfnisse. Viele Frauen haben ihre Identität immer nur von ihrer Rolle abgeleitet, statt von ihrer Person. Deshalb fühlen sie sich fehl am Platz, wenn sich ihre Rolle ändert. Um eine gute Mutter zu sein, muss eine Frau in Selbstaufopferung leben. Wenn diese Aufgabe zu Ende ist, geht es vielen Frauen wie Noomi. Eigentlich bedeutete ihr Name „meine Freude". Doch nachdem sie ihre Kinder und ihren Mann verloren hatte, sagte Noomi: „Nennt mich lieber *Mara*." *Mara* bedeutet „Bitterkeit".

Der „Mara-Mentalität" widerstehen

Lassen Sie nicht zu, dass Sie sich ändern, nur weil sich die Zeiten ändern. Es ist gefährlich, unsere Identität von unseren Lebensumständen abhängig zu machen. Die Umstände verändern sich, und wenn dies geschieht, fühlen sich ältere Frauen oft leer und unausgefüllt. Genau das erlebte auch Noomi. Sie wurde von Depressionen geplagt, aber Gott hatte gute Pläne für sie, sie sollte noch eine wichtige Aufgabe erfüllen. Wenn sich die Anforderungen, die das Leben an Sie stellt, geändert haben, heißt dies noch lange nicht, dass Ihr Leben vorbei ist. Wenn Sie das geglaubt haben, dann müssen Sie den Sinn Ihres Lebens neu definieren, Ihre Pluspunkte sehen, leben und geben. Solange Sie wissen, dass Ihr Leben einen Wert hat, können Sie der Mara-Mentalität widerstehen.

Niemand kennt das Leben ganz

Noomis Leben bestand nur aus Tragödien. Sie hatte viele Stürme überlebt. Entmutigung setzt dann ein, wenn man denkt, man würde das Leben kennen und wenn man es in erster Linie schrecklich findet! Doch ganz gleich, wie alt Sie sind, niemand kann je sagen, dass er das Leben völlig kennt! Die Schule des Lebens kann man auf keinem anderen Weg beenden als durch den Tod. Niemand weiß, wie Gott sein Buch beenden wird, und es entspricht Seinem Wesen, das Beste für den Schluss aufzuheben.

Israel erkannte Jesus nicht. Die Juden konnten sich nur das vorstellen, was sie bisher gesehen hatten. Gott hatte viele Propheten geschickt, doch als Er schließlich Israels König sandte, erkannte Israel Ihn nicht. Es ist gefährlich zu glauben, was Sie in der Zukunft vom Leben erfahren werden, wird dem entsprechen, was Sie bereits erlebt haben.

Gott benutzt manchmal sehr ungewöhnliche Wege, um unserem Leben wieder Sinn zu geben. Bei Noomi geschah es durch eine Beziehung, die sie eigentlich auflösen wollte. Es ist gefährlich, Menschen fortzuschicken. Gerde die Menschen, die Sie fortschicken möchten, sind vielleicht der Schlüssel, der Ihrem Leben neuen Sinn und Erfüllung geben könnte.

„Rut antwortete: Rede mir nicht ein, dass ich dich verlassen und von dir umkehren sollte. Wo du hin gehst, da will ich auch hingehen; wo du bleibst, da bleibe ich auch. Dein Volk ist mein Volk, und dein Gott ist mein Gott. (Rut 1:16)

Rut war Noomis Schwiegertochter. Noomi glaubte, ihre Verbindung zu Rut habe nur durch ihren Sohn bestanden, der jetzt tot war. Menschen, die sehr stark familienorientiert sind, haben oft wenig Erfahrung mit Freundschaften. Wenn sich die Familiensituation ändert, geraten sie in Isolation, weil sie keine Beziehungen zu anderen Menschen haben. Es gibt Bande, die stärker sind als Blutsbande (siehe Sprüche 18:24). Es sind Gottes-Bande. Wenn Gott jemand wie Rut in Ihr Leben bringt, dann ist Er es, der verbindet. Als Rut sagte: „Dein Gott ist mein Gott", wollte Gott Noomi zeigen, wie reich Winter-Beziehungen sind. Gott schenkte Noomi einen Menschen, an den sie den Stab ihrer Weisheit und Stärke weiterreichen konnte und der ihrer würdig war. Allerdings sollten wir es Gott überlassen, einen solchen Menschen für uns auszusuchen, denn wir wählen oft auf der Grundlage menschlicher, nicht göttlicher Verbindungen.

Ich habe festgestellt, dass die stärksten Beziehungen, von denen in der Bibel die Rede ist, meistens zwischen jüngeren und älteren Frauen bestanden. Ich will damit nicht sagen, dass das eine Regel ist. Doch ich möchte zwei Beispiele nennen, und hoffe, dass Sie dadurch gestärkt werden.

Erstens. Noomi und Rut

Ohne die Weisheit Noomis, der älteren reiferen Frau, hätte Rut wahrscheinlich einen moabitischen Mann, einen Götzenanbeter, geheiratet und wäre in Moab gestorben. Noomi wusste, wie man Wegweisung gibt, ohne zu manipulieren – eine Stärke, die viele Frauen in dieser Phase des Lebens nicht haben. Rut wurde, wie wir alle wissen, zu einer Vorfahrin Jesu Christi. Ihr Leben hatte Größe, und Gott gebrauchte Noomi, diese Größe zu Tage zu bringen. Und wenn Rut nicht gewesen wäre, würde man Noomi vielleicht wirklich Mara genannt haben. Sie hätte anderen nichts mehr geben können und wäre in Bitterkeit gestorben.

Zweitens. Elisabeth und Maria

Elisabeth, die Frau des Priesters Zacharias, ist ein biblisches Synonym für die heutige Pastorenfrau. Sie war eine Winter-Frau mit einer Sommererfahrung und war schwanger mit einer Verheißung. In ihrem fortgeschrittenen Alter ging von ihrem Leben eine größere Wirkung aus als jemals zuvor. Elisabeth ist der biblische

Beweis dafür, dass Gott uns zu Seiner Zeit segnet und dass Er besondere Pläne für uns hat. Als Elisabeth schwanger war, zog sie sich zurück. Vielleicht lag der Grund dafür in der Haltung ihrer Mitmenschen. Ältere Menschen, die noch rege und aktiv sind, lösen manchmal bei anderen Eifersucht aus oder auch eine gewisse Scheu. Andere Ausleger meinen, dass Elisabeth sich zurückzog, um die Schwangerschaft in Ruhe und Stille zu erleben. Was immer auch der Grund für ihren Rückzug war, jedenfalls lebte sie sechs Monate in Abgeschiedenheit, bis schließlich ein Klopfen an der Tür zu hören war. Falls auch Sie sich von anderen Menschen zurückgezogen haben, aus welchem Grund auch immer, so bete ich, dass Sie das Klopfen des Herrn hören. Er wird den betrübten Geist in Ihnen mit einem Lobpreisgewand kleiden (Jesaja 61:3).

Elisabeth erhob sich, ihr Körper, der von dem langen Stillsitzen ganz steif war, schien fast mit dem Stuhl verwachsen. Sie schleppte ihren gerundeten Leib zur Tür, und vor ihr stand ein junges Mädchen. Elisabeth wurde an ihre eigene Jugend erinnert. Als Elisabeth die Tür öffnete, wurde ihr Leben für immer verändert. Wenn Sie sich für neue Beziehungen öffnen und die Ketten Ihrer Ängste sprengen, dann überschüttet Gott Sie mit neuem Glanz. Vor der Tür stand Maria, die zukünftige Mutter unseres Herrn und Heilands, Elisabeths jüngste Kusine! Die Begrüßung des jungen Mädchens und die Berührung mit Marias Erfahrung waren so herrlich, dass das Baby in Elisabeths Leib vor Freude hüpfte und Elisabeth mit dem Heiligen Geist erfüllt wurde. Die Menschen werden sich mit Sicherheit gewundert haben, warum sich diese beiden unterschiedlichen Frauen so nahe kamen. Gott hatte sie miteinander verbunden! Gottes Plan für Sie bestand niemals darin, dass Sie auf einem Stuhl sitzen sollten, um dort zu sterben! *Deshalb stehen Sie in Jesu Namen auf – und öffnen Sie die Tür!*

Den alten Lack entfernen
Als ich noch zur Schule ging, arbeitete ich nebenbei in einem Malergeschäft. Anfangs musste ich natürlich erst einmal die verschiedenen Produkte und Verfahrensweisen kennen lernen. Besonders fasziniert war ich von einem Produkt, das zur Restaurierung von Möbeln benutzt wurde und mit dessen Hilfe man den früheren Glanz wieder herstellen konnte. Ich wollte gern ausprobieren, ob dieses Produkt wirklich so gut war, wie es angepriesen wurde, und kaufte es mir. Nun lernte ich aus eigener Erfahrung, dass der schwierigste Teil beim Restaurieren von Möbeln in der Entfernung des alten Lacks besteht. Man benötigt viel Geduld, um die Spuren von jahrelangem Gebrauch oder Missbrauch zu beseitigen. Wenn man nicht fest entschlossen ist, die alte Pracht wieder hervorzubringen, verzweifelt man schnell und hält das Ziel für unerreichbar. Doch ich versichere Ihnen, dass es nicht unerreichbar ist.

Wiederherstellung ist ein Prozess
Der Psalmist David erklärt: „Er stellt meine Seele wieder her ..." (Psalm 23:3). Wiederherstellung ist ein Prozess. Gott allein weiß, was nötig ist, um die alten Schichten in Ihrem Leben zu entfernen. Er ist Spezialist für die Wiederherstellung und Erneuerung des menschlichen Herzens.

„Da sprachen die Frauen zu Noomi: Ge-
lobt sei der Herr, der dir zu dieser Zeit ei-
nen Löser nicht versagt hat! Dessen Name
werde gerühmt in Israel! Der wird dich
erquicken und dein Alter versorgen. Denn
deine Schwiegertochter, die dich geliebt
hat, hat ihn geboren, die dir mehr wert ist
als sieben Söhne." *(Rut 4:14-15)*

Fast hätte Noomi ihren Namen in Mara umgeändert.
Sie war der Meinung, dass Gott einen sehr bitteren
Weg für sie ausgewählt hatte. Es ist gefährlich, Vorbehalte gegen Gott zu haben. Man erhebt sich damit prak-
tisch zum Richter über Gott. Leider findet man auch
unter Christen häufig solche Vorbehalte. Noomi verur-
teilte Gott. Aber Gottes Wirken in ihrem Leben war
noch nicht zu Ende. Es kam eine Zeit, in der für alle
sichtbar wurde, dass die Hand des Herrn auf Noomis
Leben war. Deshalb dürfen auch Sie zuversichtlich sein:
Selbst wenn Sie in der Einsamkeit des Winters Ihre
Kämpfe ausfechten, so sind Sie doch immer noch auf
dem richtigen Weg. Die Zeit heute mag anders sein als
die frühere, doch vertrauen Sie Gott, dass Er Sie auch
jetzt hindurchträgt.

Die einsamen Kämpfe des Winters

Nichts ist meiner Meinung nach schmerzvoller, als im
Rückblick dem kalten Gesicht des Bedauerns in die
Augen schauen zu müssen. Ein solcher Rückblick wird
häufig von dem Gedanken begleitet: „Was wäre gewesen, wenn ich damals nicht diese Entscheidung getroffen hätte ... oder jene ..." Es fällt uns meistens nicht

leicht, die Tatsache zu akzeptieren, dass wir sowohl Opfer als auch Täter sind; die Mehrzahl der Probleme unseres Lebens ist tatsächlich durch unsere eigene Entscheidung entstanden. Zugegeben, es gibt auch Menschen, die ohne eigenes Verschulden in Umstände hineingeraten, in denen ihnen alles geraubt wird, in denen sie verletzt werden und in denen sie wie der Mann auf der Straße nach Jericho liegen bleiben! Aber es ist unwichtig, welche Umstände zu Ihrer gegenwärtigen Situation geführt haben; halten Sie zunächst einmal inne und danken Sie Gott, dass Sie wie Noomi, trotz tragischer Ereignisse in der Jugend, durch ein Wunder den Frost und die Kälte der früheren Zeit überlebt haben. Ihr jetziges Leben sollte ein Lobpreis sein. Werfen Sie einen Blick über die Schulter und bedenken Sie, was aus Ihnen hätte werden können. Hat Gott Sie bittere Wege geführt? Ich denke nicht. Ihn im Sonnenlicht zu erkennen, ist nicht schwierig; im Sturm hielten Ihn auch Seine Jünger für ein Gespenst (Matthäus 14:26).

Auf zwei Dinge
kann sich jede Noomi verlassen

Es gibt zwei Dinge, auf die sich jede Noomi verlassen kann, während sie Holz für den Winter sammelt und sich eine Decke um ihre hageren Knie wickelt.

Erstens. Gott ist ein *Wiederhersteller*. Das bedeutet, dass Gott Ihnen, während Sie am Feuer sitzen, an der Kaffeetasse nippen, in Gedanken zurückgehen und Ihr Leben noch einmal an sich vorbeiziehen lassen, einiges erklären und anderes heilen wird. Wiederherstellung bedeutet nicht, dass alle Verstorbenen, die von Ihnen gegangen sind, wieder zurückkehren. Weder Noomis

Mann noch ihre Söhne wurden wieder zum Leben erweckt. Aber Gott hilft Ihnen, einen Sinn in jenen Jahren zu erkennen, über die bisher ein großes Fragezeichen stand.

Warten Sie am Fenster

Wie oft konnten Sie im Rückblick schon sagen: „Wenn ich das nicht alles durchgemacht hätte, dann hätte ich dies nicht erkannt oder jenes nicht empfangen." Mit anderen Worten: Gott wird Sie entschädigen! Die Folgen der Kämpfe gleicht Er aus. Dieselben Leute, die hörten, wie Noomi mit Lockenwicklern im Haar durchs Haus lief und sich über Gottes bittere Wege beklagte, hätten die Nase ans Fenster drücken und warten sollen, wie Gott Seine Pläne souverän ausführte und Noomi Ruhe und Frieden gab. Wenn Sie am Fenster stehen bleiben, dann können Sie hören, wie eine alte Frau ihrem Enkel, den sie zärtlich im Arm hält, ein Lied vorsummt. Vielleicht ist sie zu stolz, um einzugestehen, dass sie in ihrer Torheit Gott anklagte, doch das Lächeln auf ihrem alten lederähnlichen Gesicht und die Ruhe und der Frieden, den sie ausstrahlt, reden eine verständliche Sprache: „Er hat alles gut gemacht ..." (Markus 7:37).

„Und ich will die Jahre erstatten, deren Ertrag die Heuschrecken, Käfer, Geschmeiß und Raupen gefressen haben, mein großes Heer, das ich unter euch schickte. Ihr sollt genug zu essen haben und den Namen des Herrn, eures Gottes, preisen, der Wunder unter euch getan hat, und mein Volk soll nicht mehr zuschanden werden." (Joel 2:25-26)

Zweitens. Der Herr wird bekannt werden als der, *der Sie stärkt*. Seine Stärkung zu empfangen, ist für Sie vielleicht gar nicht einfach; schließlich waren Sie es, die die Bedürfnisse des Säuglings und des Mannes gesehen und beide in gleicher Weise an sich gedrückt hat. Jetzt sind die Rollen vertauscht, und Sie, die für viele eine Quelle der Stärkung war, wissen mit diesem Rollentausch vielleicht zunächst nicht umzugehen. Die Frau, die andere gestärkt hat, muss lernen, selbst gestärkt zu werden.

Stärkung für die Schwachen und Wärme für die Frierenden

Viele Frauen treten in ernsthafter Fürbitte für andere Menschen ein, doch für sich selbst beten sie kaum. Die Fürbitte ist ein wunderbarer Dienst, doch es sollte auch Zeiten geben, in denen Sie etwas für sich selbst erbitten. Unser Gott ist El Shaddai, „der Allmächtige" (Genesis 17:1). Er gibt den Schwachen Stärke und den Frierenden Wärme. In Seinen Armen ist reichlich Trost zu finden. Auch Erwachsene dürfen sich wie Kinder in Seinen ewigen Armen bergen und hören wie ihr Gott voll Liebe und Zärtlichkeit sagt: „Ihr sollt genug zu essen haben und den Namen des Herrn, eures Gottes, preisen ..." (Joel 2:26).

Seien Sie offen dafür, dass Gott sich Ihnen in Seinem vielfältigen Wesen zeigt. Er ist ein Meister darin, sich zu verbergen, Er leuchtet als Stern mitten in der Nacht, Er blüht als Lilie im Tal oder Er kommt als Engel, der eine Gebetserhörung ausspricht. Die Engel sind die Butler des Himmels; sie öffnen die Türen. Gott schickt die Engel, damit sie den Seinen dienen. Haben Sie schon einmal einen Engel gesehen? Sie sind nicht immer in Weiß gekleidet und haben nicht immer imposante Flügel. Manchmal treten sie in so gewöhnlicher Gestalt auf, dass man sie nicht bemerkt. Rut war ein Engel, den Noomi fortgeschickt hätte. Jeder kann von Gott dazu gebraucht werden, einen andern zu stärken. Unabhängig davon, wen Gott sich als Kanal auswählt, Er ist immer die Quelle.

„Vergesst nicht, gastfrei zu sein; denn dadurch haben einige ohne ihr Wissen Engel beherbergt." (Hebräer 13:2)

Engel auf Ihrem Weg

Als Hagar in der Wüste der Depression und Verzweiflung umherirrte, sandte Gott einen Engel. Als Samsons arbeitssame Mutter unfruchtbar und weltlich gesinnt war, sandte Gott einen Engel. Als die junge Maria lustlos durchs Leben ging, sandte Gott einen Engel. Als die vor Trauer gebeugte Maria Magdalena mit unsicherem Schritt zum Grab ging, sandte Gott einen Engel. Für jede Frau, die eine Krise erlebt, gibt es einen Engel. Für jede einsame Nacht, für jede ins Abseits gestellte Mutter gibt es einen Engel. Für jedes verlorene Mädchen, das im Asphaltdschungel der Großstadt umherirrt, gibt es einen Engel.

Meine Schwester, stell deine Kaffeetasse hin, nimm die Wolldecke von den Knien und steh auf! Hast du nicht gewusst, hast du nicht gehört? Für jede Frau, bei der es Winter wird, *gibt es einen Engel.*

„Sind sie nicht alle dienende Geister, ausgesandt, um denen zu helfen, die das Heil erben sollen?" (Hebräer 1:14).

„Durch den Glauben empfing auch Sara Kraft, dass sie schwanger ward und gebar über die Zeit ihres Alters; denn sie achtete ihn treu, der es verheißen hatte" (Hebräer 11:11).

Die Wunder des Winters

Ich denke, es wäre eine Unterlassung, wenn ich zum Schluss, bevor ich zum nächsten Kapitel übergehe, nicht noch von den Wundern des Winters erzählen würde. Im Sommer führte Sara ein glückliches Leben. Zu jener Zeit wusste sie nur wenig von Jahwe, dem Gott ihres Mannes. Sie wusste eigentlich nur, dass sie einen wunderbaren Mann liebte. Sie war die glücklichste Frau in Ur. Schon von Natur aus war sie ungewöhnlich schön, und ihre Liebe verstärkte noch ihre Schönheit; Sara trug ihre Liebe wie ein wehendes Kleid. Die Luft duftete nach Honig, und der Wind flüsterte ihren Namen. Dann sprach ihr Mann eines Tages von einem Ortswechsel. Wohin – das wusste Sara nicht. Wer die Glut des Sommers vergessen hat, kann das vielleicht nicht nachvollziehen, doch Sara war alles Recht. Sie lief ins Zelt und begann zu packen. Manchmal ist es gut, Verwandte und Freunde hinter sich zu lassen. Sara freute sich darauf, noch einmal von vorn anzufangen!

Doch schon bald verebbte die überschäumende Begeisterung des Sommers, und Sara musste sich der harten Realität stellen; sie folgte einem Träumer. Außerdem hatte sich Abraham nicht an alles gehalten, was Gott ihm gesagt hatte. „Geh aus deinem Vaterland und aus deiner *Verwandtschaft* ..." (Genesis 12:1). Abraham jedoch hatte einige Verwandte mit auf den Weg genommen.

„Bestimmt hat er gute Gründe dafür", dachte Sara. Doch ihr größtes Problem war nicht der Streit in der Verwandtschaft und die Hirten, die sich nicht vertrugen. Ihr größtes Problem bestand darin, dass sie kein Kind hatte. Für sie gab es keinen Zweifel mehr daran, dass sie unfruchtbar war. Es kam ihr vor, als hätte sie Abraham um einen wichtigen Teil ihres Lebens betrogen. Als ihr dann gesagt wurde, dass sie ein Kind bekommen würde, musste sie lachen. „Wenn ich dieses Wunder noch erleben soll, dann muss sich Gott aber beeilen!", sagte sie.

Setzen Sie sich nicht selbst eine zeitliche Grenze

Ich möchte Sie davor warnen, sich selbst eine zeitliche Grenze zu setzen. Gottes Zeit ist anders als Ihre Zeit. Er kommt vielleicht nicht dann, wenn Sie es wünschen, aber Er kommt immer zur richtigen Zeit. Zweimal wird erwähnt, dass Sara lachte. Das erste Mal lachte sie *über* Gott. Doch im Winter ihres Lebens lachte sie *mit* Gott. Das erste Mal lachte sie über die Unmöglichkeit der Verheißung Gottes. Doch sie machte neue Erfahrungen und lernte, dass Gott treu ist und Sein Wort erfüllt.

Das erste Lachen

„Und sie waren beide, Abraham und Sara,
alt und hochbetagt, so dass es Sara nicht

mehr ging nach der Frauen Weise. Darum lachte sie bei sich selbst und sprach: Nun ich alt bin, soll ich noch der Liebe pflegen, und mein Herr ist auch alt! Da sprach der Herr zu Abraham: Warum lacht Sara und spricht: Meinst du, dass es wahr sei, dass ich noch gebären werde, die ich doch alt bin? Sollte dem Herrn etwas unmöglich sein? Um diese Zeit will ich wieder zu dir kommen übers Jahr; dann soll Sara einen Sohn haben. (Genesis 18:11-14)

Das zweite Lachen

„ Und Sara ward schwanger und gebar dem Abraham in seinem Alter einen Sohn um die Zeit, von der Gott zu ihm geredet hatte. Und Abraham nannte seinen Sohn, der ihm geboren war, Isaak, den ihm Sara gebar, und beschnitt ihn am achten Tag, wie ihm Gott geboten hatte. Hundert Jahre war Abraham alt, als ihm sein Sohn Isaak geboren wurde. Und Sara sprach: Gott hat mir ein Lachen zugerichtet; denn wer es hören wird, der wird über mich [oder: mit mir] lachen. Und sie sprach: Wer hätte wohl von Abraham gesagt, dass Sara Kinder stille! Und doch habe ich ihm einen Sohn geboren in seinem Alter.“ (Genesis 21:2-7)

Hören Sie auf das, was ich jetzt sage. Das 18. Kapitel der Genesis, in dem Sara aus Unglauben lacht, ist mir nicht so wichtig. Eigentlich will ich auch nicht die Aufmerksamkeit auf das 21. Kapitel lenken, in dem Sara aus „Freude am Herrn" lacht. Vielmehr möchte ich über die Ereignisse sprechen, die zu den Wundern ihres Winters führten.

Wenn wir Zeugnis von Gottes Wirken in unserem Leben ablegen, sprechen wir oft von den Anfängen und dann von dem Ziel, an dem wir angelangt sind, doch von den Ereignissen, die zu unserer Befreiung geführt haben und dazwischen liegen, berichten wir nur selten. Weil wir den Prozess nicht beschreiben, fühlen sich unsere Zuhörer als Versager, denn auch sie haben ihre Probleme dem Herrn genannt, haben Gottes Verheißungen in Anspruch genommen und doch noch keine Befreiung erlangt! Wir erzählen ihnen nicht, wie hart unser Glaube geprüft wurde, bevor er wie reines Gold aus den Prüfungen hervorging. Doch heute wollen wir die ganze Wahrheit erzählen und nichts als die Wahrheit!

Zwischen jenen zwei herausragenden Ereignissen im Leben dieser Frau, die eine der edelsten Ehefrauen war, lag eine Zeit, in der alles in Saras Leben auf den Prüfstein kam. Ich glaube, dass Sara durch ihre Liebe zu Abraham die Kraft bekam, ihre Heimat zu verlassen, doch der verheißene Nachkomme kam durch Saras Liebe zu Gott in die Welt. Hören Sie an dieser Stelle gut zu: Ich habe nicht gesagt, dass Saras Liebe zu Gott an die Stelle ihrer Liebe zu ihrem Mann trat. Ich sage nur, dass ihre Liebe zu Gott die Liebe zu ihrem Mann stärker machte als je zuvor. Welchen Wert hat es schließlich, wenn wir das lieben, was Gott uns gegeben hat, und nicht auch den Gott lieben, der uns diese Gabe schenkte? Das Alter ist in vieler Hinsicht wertvoll, doch eins geschieht auf alle Fälle: Wir bekommen die richtige Perspektive für unser Leben. Nichts hilft uns mehr zu der Erkenntnis, wo wir falsche Prioritäten gesetzt haben, als die Zeit.

Saras tragischer Segen in Gerar

Im Sommer folgte Sara Abraham und zog aus ihrer Heimat fort, fort von ihrer Verwandtschaft. Doch die Zeiten des Lebens ändern sich, und Sara musste erneut auf die Reise gehen, und zwar dieses Mal an einen Ort, der ihr fast zum Verhängnis geworden wäre. Abraham, ihr geliebter Mann, führte sie nach Gerar. Da ich selbst ein Mann und ein Leiter bin, wage ich es nicht, zu hart mit Abraham ins Gericht zu gehen. Jeder kann eine falsche Entscheidung treffen. Auch wenn Gerar „Ort des Innehaltens" bedeutet, könnte ich Abrahams Entscheidung, dorthin zu ziehen, noch rechtfertigen. Auch ich habe schon Entscheidungen getroffen, durch die mein Leben aus den Angeln geriet. Doch dass Abraham aus Angst um seine eigene Sicherheit eine Lüge über Saras Identität verbreitete, ist nicht entschuldbar (Genesis 20). Schließlich sollte er ihr Beschützer sein. Man lernt Menschen erst dann richtig kennen, wenn man Zeuge wird, wie sie sich unter Druck verhalten. Nun, ich will nicht frömmlerisch Abrahams unverhohlene Missachtung der Wahrheit verurteilen. Aber diese Lüge hatte lebensbedrohliche Auswirkungen.

Männer werden Sie enttäuschen

Haben Sie schon einmal erlebt, dass ein Mensch, dem Sie Ihr ganzes Vertrauen geschenkt haben, dieses

Vertrauen schändlich missbraucht hat, weil er in einer Situation nur an sich selbst dachte? Ein Mensch mit selbstsüchtigen Bedürfnissen kann alles gefährden, was Sie haben. Abrahams gemeine Lüge brachte das Leben seiner Frau in Gefahr. Abimelech war ein heidnischer König. Er war es gewohnt, alles zu bekommen, was er begehrte. Der Ruf seiner Zügellosigkeit ging ihm voraus, und zwar so weit, dass Abraham, der Vater des Glaubens, um sein Leben fürchtete. Anstatt nun dem Risiko des eigenen Todes ins Auge zu sehen, erklärte er dem König, dass seine schöne Frau Sara in Wirklichkeit seine Schwester sei. Abraham wusste, dass diese Erklärung dazu führen würde, dass Sara sich den Begierden und Lüsten eines Heiden unterwerfen musste. Und schon wurde Sara gebadet und gesalbt, um den Leidenschaften des Königs als Lustopfer dargebracht zu werden.

Gott wird Sie retten

Stellen Sie sich vor, wie sich die eiserne Klaue der Angst um das Herz dieser großen ersten Glaubensfrau legte. Bestimmt stand sie noch unter dem Schock der Erkenntnis, zu welchen Taten ein Mensch unter großem Druck und in der Sorge um sein eigenes Wohlergehen fähig ist. Ihr Abraham hatte sie schmählich im Stich gelassen. Aber Ihr Gott blieb treu! Vielleicht gibt es auch in Ihrem Leben einen Menschen, der Sie aus Selbstsucht in große Not gestürzt hat. Wenn es der Fall ist, so seien Sie unverzagt! Satan will Sie zwar in die Falle locken, doch das bedeutet nicht, dass es für Sie keinen Fluchtweg mehr gibt. Der Gott, dem wir dienen, kann alles tun. Sein Wort an Sie lautet: „Frau, sei frei!"

Abrahams Glaube leuchtet wie ein heller Stern im Alten Testament – doch an jenem Tag war er nicht zu sehen. Es ist erstaunlich, wie sich in einer Krisensituation in unserem Herzen plötzlich der Glaube erhebt. Stellen Sie sich Saras Lage vor. Sie wartet voller Furcht darauf, die Schritte des Mannes zu hören, der sie vergewaltigen wird. Sie weiß, dass es nicht mehr lange dauert, bis sie missbraucht wird. Sie hockt wie ein verschrecktes Kaninchen in der Ecke und ist gewiss, dass Abraham sie nicht retten wird. Ich weiß nicht, was sie betete, aber ich bin sicher, dass sie zu dem Einzigen schrie, der ihr noch geblieben war!

Vielleicht betete sie: „O Gott Abrahams, ich brauche dich jetzt als meinen Gott. Rette mich vor dieser drohenden Gefahr." Oder vielleicht schrie sie einfach: „O Herr, erbarme dich meiner!" Wir wissen nicht, was Sara betete, aber Gott erhörte sie, denn Gott verschloss jeden Mutterschoß am Königshof, und Er trat für Sara ein, als sie sonst niemand hatte! Er drohte dem König und offenbarte ihm die Wahrheit. „Sie ist Abrahams Frau", erklärte der Herr. Und Er bewahrte Abimelechs Füße vor dem Gleiten.

Nur sehr wenige Männer können das Grauen verstehen, das eine Frau im Gedanken an Vergewaltigung oder sexuellen Missbrauch überkommt. Ich kann mir nur vorstellen, wie Sara die Tränen herunterliefen, als sie hörte, dass sich die Tür öffnete. Doch als der Mann, der sie eigentlich vergewaltigen wollte, den Raum betrat, fiel er Sara zu Füßen und rief: „Gott hat zu mir gesprochen." Wussten Sie, dass das Herz des Königs in der Hand des Herrn ist und dass Er es lenkt, wohin Er will? (Sprüche 21:1) Gott rettete Sara aus dem Versagen ihres Mannes.

Der Gott in Gerar

Als Sara aus Gerar fortzog, hatte sie etwas Neues über das Leben, über die Menschen und vor allem über Gott gelernt. Wie wir gleich sehen werden, war ihre Beziehung zu Abraham nicht zerstört. Aber Sara hatte etwas gelernt, das wir alle lernen müssen. Sie hatte die Treue Gottes kennen gelernt.

Ich bin überzeugt, dass die Dinge, die uns Sorgen machen, uns nicht berühren könnten, wenn wir nur Gottes Treue kennen würden. Das erwies sich auch in Saras Leben als wahr, denn direkt nach jenem Alptraum in Gerar berichtet die Bibel in Genesis 21:1-2:

> *„Und der Herr suchte Sara heim, wie er gesagt hatte, und tat an ihr, wie er geredet hatte. Und Sara ward schwanger und gebar dem Abraham in seinem Alter einen Sohn um die Zeit, von der Gott zu ihm geredet hatte.“*

Gottes übernatürliche Verheißung an Sara wurde nicht durch Abraham erfüllt. Hören Sie gut zu. Ohne Gott konnte Abraham nichts tun. Vergessen Sie es nie. Männer sind vielleicht das Werkzeug, doch die Quelle des Lebens ist Gott. Gott war es, der Sara heimsuchte und an Sara Seine Verheißung erfüllte!

Eine Winterfrau

Durch die Erlebnisse in Gerar lernte Sara Gott in einer Weise kennen, wie sie Ihn bisher nicht gekannt hatte. Manche Dinge über Gott kann man nur im Winter lernen. Und Sara erlangte durch das alles einen Platz in der

Ruhmeshalle des Glaubens. In der Liste der Patriarchen und großen Glaubenshelden in Hebräer 11 ist Saras Name eingefügt. Abraham wird gerühmt für den Glauben, der ihn stark machte, seine Heimat zu verlassen und nach einer Stadt Ausschau zu halten, „deren Baumeister und Schöpfer Gott ist" (Hebräer 11:10). Doch dann spricht der Verfasser von dem Glauben, der nötig ist, damit eine alte Frau ein Kind empfangen kann, und hier wird Saras Glaube genannt! Durch Saras Glauben geschah das Wunder.

Sara besuchte keine „Glaubenskurse". Sie ging einfach nur durch den Winter und hielt sich dabei an der warmen Hand eines liebenden Gottes fest, der sie niemals enttäuschte. Als Sara zum zweiten Mal lachte, lachte sie mit Gott zusammen. Sie drückte ihr kleines Kind an ihre Brust. Und sie wusste etwas von den Wundern, die nur Winterfrauen erleben.

Haben auch Sie schon einmal eine Nacht in Gerar verbracht? Wenn es der Fall ist, dann kennen Sie jetzt sicherlich Ihren Gott in einer Weise, wie Sie Ihn sonst niemals kennen gelernt hätten. Wie Sara wissen auch Sie, dass Er sich um Sie kümmert. Und wie Sara wissen auch Sie, dass Er Sie beschützt und durch Sie wirken wird. Denken Sie an Ihr zurückliegendes Leben und bedenken Sie Gottes Treue. Denken Sie an Ihre Zukunft und vertrauen Sie Ihm.

KAPITEL FÜNFZEHN

Die Ketten zerbrechen

Für die Vergangenheit wurde bezahlt. Die meisten Wunden hinterlassen Narben, doch die Narben sollen uns daran erinnern, dass wir Menschen sind. Jeder hat Narben.

rauen haben eine ungeheure Kraft. Alles, was in diese Welt kommt, muss seinen Weg durch die Frauen nehmen – dazu hat Gott die Frauen auserwählt. Und auch von Seinem Schöpfergeist hat Er den Frauen viel gegeben. Frauen sind stark, und sie sind bereit, andere zu stärken.

Doch ein Blick in diese Welt zeigt, dass Millionen von Frauen unter emotionalem, körperlichem und geistlichem Druck leiden. Der Feind versucht, gerade die Menschen, die mit Gottes Schöpferkraft begabt sind – nämlich die Frauen -, zu zerstören.

Vielleicht gehören Sie zu denen, die leiden. Vielleicht sitzen Sie da und fragen sich, ob Sie jemals wieder ein normales Leben werden führen können. Vielleicht denken Sie, aufgrund Ihrer Lebenssituation anders als alle anderen Frauen zu sein. Wahrscheinlich fühlen Sie sich allein und glauben, dass niemand da ist, der Ihnen helfen kann, Heilung zu finden.

Vielleicht rührt der emotionale Druck daher, dass Sie missbraucht wurden. Sie wurden von anderen ausgenutzt und auf die abscheulichste und schrecklichste Weise gebraucht. Sie fühlen sich missbraucht und unrein. Und Sie denken: *Niemand will einen Menschen haben, der missbraucht wurde.* Aber: Sie sind willkommen. Gott will Sie haben, und auch Gottes Kinder wollen Sie haben.

Etwas, das in unserer Kindheit oder Jugend falsch gelaufen ist, hat Auswirkungen auf unser ganzes Leben. Manche Frauen lassen sich auf sexuelle Beziehungen ein, ohne den Bund der Ehe geschlossen zu haben. Vielleicht haben Sie dem Mann geglaubt, der Ihnen beteuerte, Sie zu lieben. Vielleicht haben Sie auch gedacht, dass Sie ihm damit Ihre Liebe beweisen können. Oder vielleicht wollten Sie einfach Ihren Spaß haben, ohne über die Folgen nachzudenken. Doch jetzt fühlen Sie sich minderwertig.

Gott kennt Ihre Not bereits. Vor langer Zeit schon hat Er vom Himmel herabgeblickt und Ihren Schmerz und Ihre Schuld gesehen. Er hat Ihre Situation betrachtet und ist zu dem Schluss gekommen, dass Sie einen Retter benötigen. Er wusste, dass Sie jemand benötigen, der zu Ihnen hinunterkommt und Sie herausholt. Er wusste, dass Sie erkennen müssen, wie wertvoll Sie sind. Wir werden nie völlig ermessen können, was Gott bewegte, als Er auf die verlorenen Menschen blickte, doch eins ist sicher: Er sah nicht nur unsere zerbrochenen Herzen, nicht nur die vielen Wunden unserer Vergangenheit und unsere Neigung zur Sünde, sondern Er sah unsere Not.

Und diese Not hat Gott mit Jesus Christus beantwortet. Jesus nahm den Missbrauch, den Sie erlebt haben, am Kreuz von Golgatha auf sich. Ihre Affären und Sünden nahm Er auf sich und starb an Ihrer Stelle. Er sah Ihr Verlangen, anderen zu gefallen und ein gutes Gefühl zu haben. Er nahm alle Ihre sündigen Wünsche und gab sie am Kreuz in den Tod.

Wenn Sie Jesus annehmen, werden Sie rein und heilig. Und denken Sie nicht, Sie seien die Einzige. Jeder kämpft mit denselben Sünden wie Sie, ob es sichtbar ist oder nicht.

Die Vergangenheit ist bezahlt

Das missbrauchte kleine Mädchen mit all seinen Wunden wurde durch die Wunden Jesu geheilt (Jesaja 53:5). Die Sünden der Frau, die ihre Lüste stillen wollte, wurden am Kreuz mit Ihm in den Tod gegeben (Galater 2:20). Für die Vergangenheit wurde bezahlt. Die meisten Wunden hinterlassen Narben, doch die Narben sollen uns daran erinnern, dass wir Menschen sind. Jeder hat Narben.

Gott sieht Ihr Potential

Gott rechnet damit, was aus Ihnen werden kann. Er hat einen Plan, und Er sieht Ihr Potential. Doch Er weiß auch, dass Ihr Potential durch Ihre Vergangenheit begrenzt war. Durch Ihr Leiden sind Sie zu einer anderen Frau geworden, als es Seinem ursprünglichen Plan entsprach. Die Umstände Ihres Lebens haben Ihr Denken geformt. Und durch Ihre Reaktion auf diese Umstände sind Sie oft daran gehindert worden, Ihr ganzes Potential auszuleben.

Aber Gott weiß, dass in Ihnen eine Sara lebt, eine Rahab, eine Frau am Brunnen, eine Rut, ja sogar eine Maria. Er weiß, dass tief in Ihnen verborgen eine großartige Frau lebt, die Großes in Seinem Namen vollbringen kann. Und Er will, dass diese Frau befreit wird. Er will, dass das Potential in Ihnen gelöst wird, so dass Sie zu dem Menschen werden können, zu dem Sie geschaffen wurden.

Gott ruft

Es gibt nur eine einzige Möglichkeit, dieses Potential zu erreichen. Gott ruft Sie. Er wird durch Seinen Geist

Ihr Herz bewegen und Sie wissen lassen, dass Er Seine Hand auf Ihr Leben gelegt hat. Sie müssen Ihm nur Ihre Antwort geben.

Die Kraft zur Befreiung liegt in Ihrem Glauben. Wagen Sie zu glauben, dass Gott wirklich tun wird, was Er versprochen hat. Blicken Sie nicht mehr auf Ihre Schwachheit, sondern setzen Sie Ihr Vertrauen auf Seine Macht. Vertrauen Sie Ihm und nicht sich selbst. Jeder, der zu Christus kommt, wird Befreiung und Heilung erfahren. Er wird Linderung für Ihre Wunden schenken. Er wird Sie in Zeiten der Verzweiflung trösten. Er wird Sie aufrichten.

Glauben Sie, dass Er den Preis für Ihre Sünde und Schuld bezahlt hat. Glauben Sie, dass Er Sie reingewaschen hat. Glauben Sie, dass Er jede Not, die durch Ihre Vergangenheit bedingt ist, beenden kann. Glauben Sie, dass Er Sie belohnen wird, wenn Sie zu Ihm rufen – es wird geschehen.

Sie haben nichts zu verlieren und alles zu gewinnen. Jesus wird die krummen Wege in Ihrem Herzen gerade machen, Er wird Sie vollkommen heilen. Wenn Sie Ihm Zutritt zu jedem Bereich Ihres Lebens gewähren, dann wird die Zerbrochenheit Ihres Lebens der Vergangenheit angehören.

„Gehört jemand zu Christus, dann ist er ein neuer Mensch. Was vorher war, ist vergangen, etwas Neues hat begonnen."
(2 Korinther 5:17)

T.D. Jakes im One Way Verlag

Einer der führenden Sprecher der
Promise Keeper Bewegung

T.D. Jakes

Free Man

Wenn Männer losgelassen werden

Best.-Nr. 10016, ca. 260 Seiten, Pb

Ein Buch für Männer, das jede Frau lesen sollte! Thema ist die Heilung
und Wiederherstellung des Mannes zu Männlichkeit und Stärke,
wie Gott es versteht. Sensibel, vorsichtig und auch schonungslos
spricht Jakes über typisch männliche Ängste, Komplexe
und Bindungen in den verschiedensten Bereichen des Lebens.

ONE WAY VERLAG
WUPPERTAL UND LUTHERSTADT WITTENBERG

Max Lucado im One Way Verlag

Max Lucado
Und es schwiegen die Engel
Best.Nr. 1008, 320 Seiten, Pb

Max Lucado
Er bewegt noch immer Steine
Best. Nr. 1009, 292 Seiten, Pb

Max Lucado
Sechs Stunden Ein Freitag
Best.-Nr., 10011, ca. 292 Seiten, Pb

Max Lucado
Wenn Gott dich sanft beim Namen ruft
Best.-Nr. 10015, 204, Pb

ONE WAY VERLAG
WUPPERTAL IND LUTHERSTADT WITTENBERG